둥글둥글 지구촌
환경 이야기

함께 사는 세상 9

둥글둥글 지구촌
환경 이야기

장성익 글 | 유남영 그림

풀빛

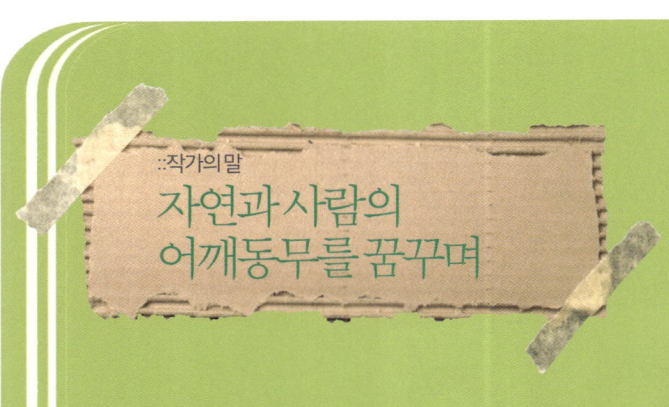

::작가의 말
자연과 사람의 어깨동무를 꿈꾸며

'환경' 하면 여러분은 무엇이 떠오르나요? '환경 문제가 중요하다.' 또는 '환경이 많이 파괴됐다.' 등과 같은 얘기를 들으면 어떤 생각이 드나요?

환경이라고 하면 흔히 숲이나 강처럼 우리를 둘러싸고 있는 주변의 자연물만을 떠올리는 경우가 많아요. 하지만 환경이란 이 지구라는 행성을 구성하는 모든 것을 말해요. 그러니 사람 또한 당연히 환경에 속한다고 할 수 있어요. 즉, 사람도 자연의 일부라는 거지요. 또한 환경은 '생명'과 같은 말이라고도 할 수 있어요. '모든 살아 있는 것'을 뜻한다는 거지요.

그래서 환경이 망가졌다는 것은 단순히 물이나 공기가 오염됐다는 차원에서 끝나는 게 아니에요. 우리 사람에게도 어떤 문제가 발생했다는 것과 같은 말이지요. 따라서 환경을 살리는 것은 곧 사람을 살리는 것이기도 해요. 그러니 이것을 뒤집어 말하면, 환경 문제를 해결하기 위해서는 사람이 사는 방식을 바꾸어야 한다고 할 수 있겠지요?

예를 하나 들어 볼까요? 요즘 가장 큰 환경 문제는 지구 온난화라고 얘기하는 사람이 많아요. 지구가 갈수록 더워지고 있다는 거지요. 이 온난화가

일어나는 이유는 이산화탄소 같은 온실가스가 너무 많이 나오기 때문이에요. 그런데 온실가스가 대량으로 나오는 곳은 공장, 자동차, 건물과 집, 축산 농장 같은 것들이에요. 결국 사람들이 이런저런 활동을 하면서 배출하는 온실가스 때문에 온난화가 일어나는 거지요.

그래서 온실가스를 지나치게 많이 만들어 내는 인간의 삶의 방식을 바꾸어야만 온난화를 막을 수 있는 거예요. 한 사람 한 사람으로서의 개인뿐만 아니라 그 사람들이 모여서 이룬 사회도 물론 바뀌어야 하지요.

다른 얘기를 하나 더 해 볼까요? 이 책을 쓰는 도중에 커다란 비극이 일어났어요. 2011년 3월 11일 발생한 일본의 대지진 말이에요. 상상을 뛰어넘는 지진과 함께 쓰나미라 불리는 거대한 해일이 들이닥쳐 육지를 완전히 휩쓸어 버렸지요. 죽은 사람만 수만 명이에요. 수많은 건물과 집도 한순간에 부서지고 거친 물결에 휩쓸려가고 말았지요.

그런데 이보다 훨씬 더 큰 재앙이 기다리고 있었어요. 바로 방사능이에요. 엄청난 지진 해일은 인근 바닷가에 있던 원자력 발전소도 부서뜨리고

말았어요. 그 망가진 원자력 발전소에서 방사능이 대량으로 새어 나온 거예요. 사람이 방사능을 맞으면 죽거나 암 같은 큰 병에 걸리게 돼 있어요. 방사능에 오염된 음식물을 먹어도 마찬가지고요. 방사능은 눈에 보이지도 않고 바람을 따라 멀리 퍼지는 물질이에요. 정말 위험하고 무서운 거지요.

지진이야 자연 현상이니 어쩔 수 없다 쳐도 원자력 발전소는 사람이 만든 거잖아요? 전기를 얻기 위해 사람이 만든 것이 도리어 사람을 죽음으로 몰아넣고 공포에 떨게 만드는 무시무시한 '무기'가 되어 버린 거예요.

결국 환경 이야기는 자연에 대한 이야기인 동시에 사람에 대한 이야기라는 것을 잘 보여 주고 있어요.

이 책은 이처럼 전 세계 곳곳에서 펼쳐지는 자연 이야기와 사람 이야기를 담았어요. 환경이 파괴되고 그 탓에 사람마저 불행해지는 슬픈 얘기도 있고, 자연과 더불어 행복하게 살거나 사람과 자연이 어깨동무하여 멋진 세상을 만들어 나가는 신나는 얘기도 있어요.

이런 이야기들을 통해 환경이 얼마나 중요하고 어떤 의미를 갖는지를 생각해 볼 수 있었으면 좋겠어요. 나아가 이런 생각을 실천하기 위해 내가 할 일이 무엇인지를 찾아본다면 더욱 좋겠지요.

자! 그럼, 우리 함께 여행을 떠나 볼까요?

2011년 4월

장성익

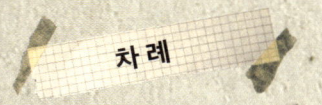

차례

작가의 말 자연과 사람의 어깨동무를 꿈꾸며 004

1장 아시아 이야기

무너져 내린 사막의 모래성 014 건강과 환경의 골칫덩어리, 황사 017 인간과 자연이 더불어 사는 강의 나라, 일본 021 소금 사막으로 변한 바다, 아랄해 024 '착한 여행'을 떠나자 028 생물 해적질을 중지하세요! 인도의 님 나무 사건 032 물이 바닥나고 있다 034 지구 온난화와 교토 의정서 037 고양이가 자살? 041 나무를 베려거든 내 몸을 베라! 인도의 칩코 운동 044 물 폭탄에 휩쓸려 간 볼라섬 사람들 047 오래된 미래, 라다크 이야기 050 휴대 전화를 먹고살 순 없다 053 석유에 중독된 지구, 만일 석유가 없어진다면? 056

2장 유럽 이야기

1만 2천 명이 죽은 런던 스모그 사건 062 뮌헨 시민들의 자랑거리, 이자르강 065 지구는 살아 있는 생명체다 068 작은 것이 아름답다 070 경제 성장은 끝없이 계속될 수 없다! 073 패스트푸드 대신에 슬로푸드를 075 차 없는 도시를 꿈꾸다, 프라이부르크 이야기 078 체르노빌 참사와 원자력 발전 080 나무를 심은 사람 084 에너지 독립 선언을 한 나라, 스웨덴 086

3장 북아메리카 이야기

동물의 역습, 광우병 092 시애틀 추장의 편지 096 대기 오염의 주범은 자동차 098 실패로 돌아간 인공 지구 실험 102 현대인이 본받아야 할 아미쉬 정신 104 댐을 없애면 물고기가 돌아올 거예요! 107 숲을 살리는 벌목 회사, 콜린스 파인 110 세상을 바꾸는 희한한 식당, 화이트 독 카페 112 꽃이 피지 않고 새가 울지 않는 '침묵의 봄' 115 죽음의 바다 117 저주의 운하가 된 사랑의 운하 121

4장 중남아메리카 이야기

황무지에서 일구어 낸 기적의 마을, 콜롬비아 가비오따쓰 126 꿈의 도시, 브라질 꾸리찌바 129 평화와 자연의 천국, 코스타리카 132 석유 개발이냐, 집단 자살이냐! 안데스 우와족 이야기 135 리우 회의와 지속 가능한 발전 138 '지구의 허파', 아마존의 눈물 140 유기농으로 도시를 경작하는 나라, 쿠바 143

5장 아프리카 이야기

고릴라가 휴대 전화를 싫어하는 이유 148 도도의 슬픈 노래 152 희망의 등불을 밝힌, 말라위의 풍차 소년 156 침팬지의 영원한 어머니, 제인 구달 158 나무 어머니, 왕가리 마타이 이야기 161 아프리카의 소년 병사들 163

6장
오세아니아 이야기

폐허로 변한 태평양의 외딴섬, 나우루 170 바다 속으로 가라앉는 나라, 투발루 173 수수께끼의 섬, 이스트섬 177 태평양에 존재하는 거대한 '플라스틱 섬' 179 지구 환경을 지키는 무지개 전사들 183

맺는말 **자연은 우리의 친구** 186

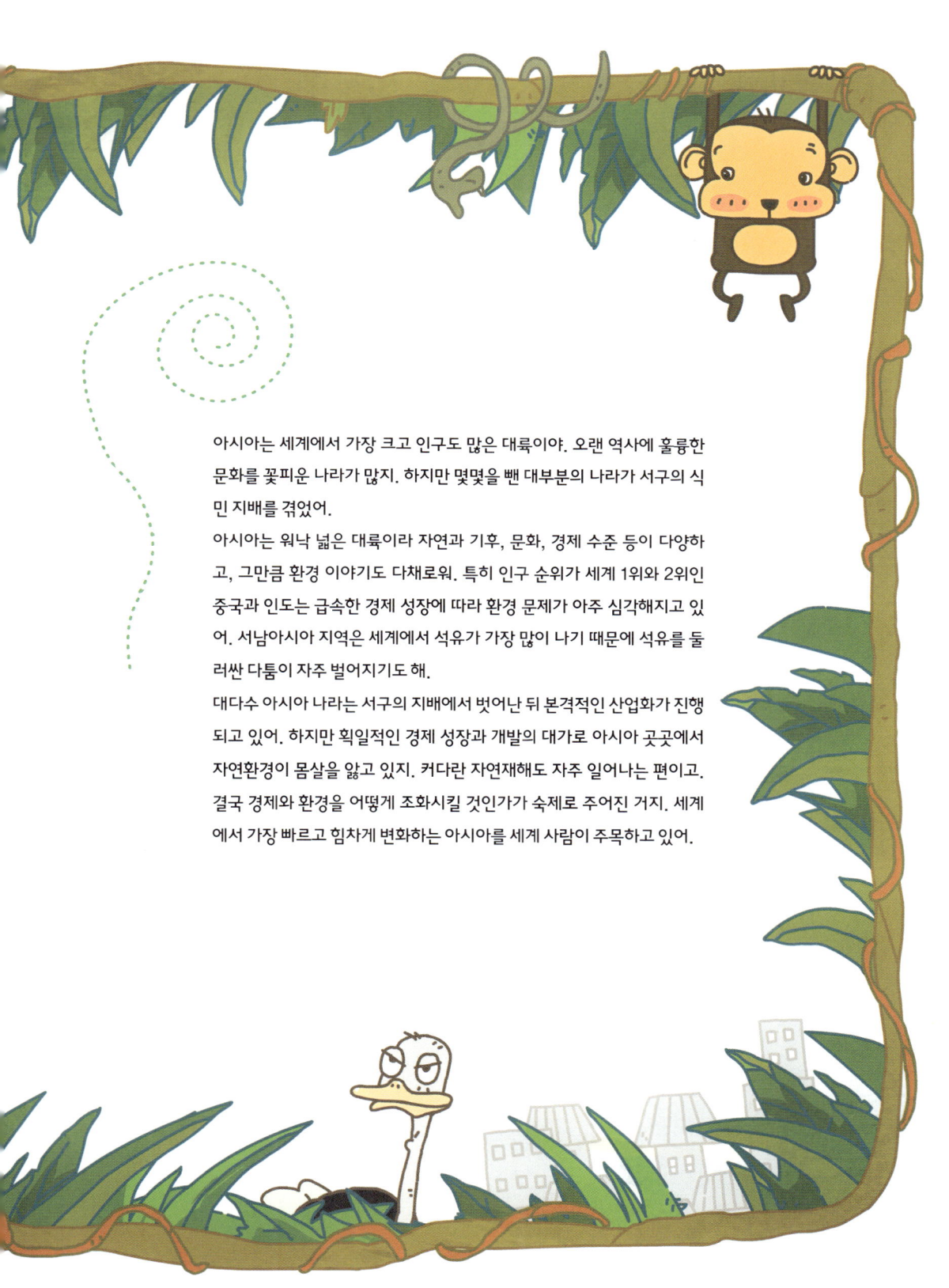

아시아는 세계에서 가장 크고 인구도 많은 대륙이야. 오랜 역사에 훌륭한 문화를 꽃피운 나라가 많지. 하지만 몇몇을 뺀 대부분의 나라가 서구의 식민 지배를 겪었어.

아시아는 워낙 넓은 대륙이라 자연과 기후, 문화, 경제 수준 등이 다양하고, 그만큼 환경 이야기도 다채로워. 특히 인구 순위가 세계 1위와 2위인 중국과 인도는 급속한 경제 성장에 따라 환경 문제가 아주 심각해지고 있어. 서남아시아 지역은 세계에서 석유가 가장 많이 나기 때문에 석유를 둘러싼 다툼이 자주 벌어지기도 해.

대다수 아시아 나라는 서구의 지배에서 벗어난 뒤 본격적인 산업화가 진행되고 있어. 하지만 획일적인 경제 성장과 개발의 대가로 아시아 곳곳에서 자연환경이 몸살을 앓고 있지. 커다란 자연재해도 자주 일어나는 편이고. 결국 경제와 환경을 어떻게 조화시킬 것인가가 숙제로 주어진 거지. 세계에서 가장 빠르고 힘차게 변화하는 아시아를 세계 사람이 주목하고 있어.

무너져 내린 사막의 모래성

세계에서 제일 높은 건물, 세계에서 가장 큰 인공 섬, 세계에서 가장 비싼 호텔이 있는 곳은 어디일까? 한여름이면 온도가 55도까지 치솟는 뜨거운 사막에 진짜 눈이 쏟아지는 스키장을 만든 곳은 어디일까? 바로 중동 아라비아반도 동부의 두바이라는 나라란다.

두바이는 아랍 에미리트 연방을 구성하는 일곱 나라아부다비, 앗샤리카, 아지만, 움알카이와인, 라스알카이마, 알푸자이라, 두바이 중에 하나야. 중동의 다른 나라들처럼 석유 수출이 경제에서 큰 비중을 차지하고 있었지. 하지만 묻혀 있는 석유의 양이 적은 편이어서 외국에서 수입한 물자를 다시 다른 나라로 수출하는 중계 무역과 관광이나 금융 등과 같은 쪽에 힘을 많이 쏟았어.

그런데 이 과정에서 두바이는 외국에서 끌어들인 돈으로 거대한 부동산 개발과 건설 사업을 벌이는 데 몰두했어. 뭉칫돈을 싸 들고 올 투자자를 끊임없이 끌어들이기 위해서 그들을 유혹할 '미끼'가 필요했고, 이들에게 돈을 엄청 벌 수 있다는 장밋빛 개발 환상을 심어 주어야 했지.

그렇게 해서 탄생한 것이 방금 얘기한 세계 최대니, 세계 최고니, 세계 최초니 하는 거창하고도 호화찬란한 인공 구조물들이야.

이처럼 개발과 건설 사업이 불러일으키는 한탕주의식 돈바람이 휘몰아치면서 두바이의 자연은 크게 파괴될 수밖에 없었어. 본래 바다였던 곳에 거대한 인공의 섬을 만들었으니 바다가 망가지고 오염되는 것은 당연한 일이겠지?

　에너지 낭비도 엄청나. 세워지는 건물마다 초고층에 초호화판이니 그런 데서 사용하는 에너지가 얼마나 많겠니? 또 추운 겨울에나 볼 수 있는 진짜 눈이 내리는 스키장을 뜨거운 사막에서 운영하려면 얼마나 많은 에너지가 필요하겠니?

　그런데 두바이의 건설 현장에서 일한 사람들은 대부분 동남아시아와 북아프리카의 가난한 나라들에서 일자리를 찾아서 온 외국인 노동자들이었어.

　문제는 이들의 처지가 거의 '노예'에 가까웠다는 사실이야. 그 뜨거운 사막의 뙤약볕 아래서 하루에 열 몇 시간씩 몸이 부서져라 일해도 이들이 손에 쥘 수 있는 돈은 겨우 6천 원 정도였고, 그나마도 못 받는 경우가 많았지. 작업 환경 또한 너무 형편없어서 한 해에 일사병으로 사망하는 노동자가 수백 명이나 되었대.

　그런 노예 취급을 당하면서도 외국인 노동자들은 자신들의 권리와 이익을 주장할 조직을 만들거나 항의할 수도 없었어. 두바이에서는 그런 행동을 불법으로 규정하고 있거든.

　"불만이 있으면 떠나라. 너희 말고도 일할 사람은 얼마든지 많다."

　이게 두바이의 태도였어. 이에 더해 두바이에는 언론도, 정당도, 선거도, 시민 단체도 아예 없으니, 한마디로 민주주의나 인권이라고는 찾아보기 힘든 곳이지.

　이처럼 겁도 없이 자연을 망가뜨리고 돈만 신처럼 떠받들며 약자를 학대하는 곳이 영원히 번창할 수는 없겠지? 두바이는 개발과 건설로 이룩한 화려한 겉모습 덕분에 한때 세계의 주목을 받기도 했어. 새로운 발전 모델을 배우겠다며 세계 여러 나라에서 두바이를 찾아오기도 했지.

그러나 그 실체는 껍데기에 그럴싸한 '짝퉁'이요, 알맹이는 없는 '속빈 강정'이었어. 결국은 세계 금융 위기가 덮쳐 외국 자본이 썰물처럼 빠져나가면서 나라가 망할 지경에까지 이르고 말았지. 그래서 한때 '사막의 기적'으로 칭송받던 두바이의 신화가 지금은 '사막의 신기루'며, '모래성'에 지나지 않았다는 놀림을 받고 있단다.

건강과 환경의 골칫덩어리, 황사

　황사란 말은 자주 들어서 알고 있을 거야. 또 누런 모래 먼지가 거리며 자동차며 나무 등에 뿌옇게 내려앉은 모습을 실제로 보거나 아니면 텔레비전에서라도 봤을 거고.
　황사란, 바람을 타고 하늘로 높이 올라간 미세한 모래 먼지가 상층 기류를 타고 먼 지역으로까지 날아가 떨어지는 현상을 말해. 우리나라에 영향을 미치는 황사의 고향은 주로 중국과 몽골의 경계 지역을 중심으로 드넓게 펼쳐진 아시아 대륙 중심부의 사막 지역과 그 주변에 있는 건조 지역이지.
　중국에서 바람을 타고 날아오는 이 황사는 우리나라와 이웃 일본은 물론이고 태평양 건너 미국에까지 피해를 줄 정도로 위력이 대단해.
　뿐만 아니라 황사가 불어오는 횟수도 부쩍 늘어나고 있어. 이전엔 주로 봄에 몇 차례 발생하는 정도였지. 하지만 요즘 들어서는 계절에 관계없이 황사 지속 일수가 늘어나고, 농도도 갈수록 짙어지고 있고. 또 황사를 일으키는 지역도 빠르게 넓어지고 있어.
　특히 중국의 급속한 공업화와 산업화에 따라 중금속과 같이 사람 몸에 매우 해로운 오염 물질이 황사에 실려 함께 날아온다는 게 큰 문제야.
　황사 현상이 발생하면 대기 안의 먼지 농도가 평소에 비해 약 2~4배 정도 높아지는 탓에 눈으로 사물을 식별할 수 있는 거리가 크게 줄어들어. 하지만 이보다 더 심각한 건 건강에 미치는 나쁜 영향이야.

황사가 불면 기관지와 폐까지 들어가는 미세한 호흡성 먼지가 크게 증가해서 호흡기질환 환자도 대폭 늘어나거든. 노약자나 어린이들은 특히 더 위

험하지. 황사는 중국에서 사막 지역이 아주 빠르게 늘어나고 있는 탓에 갈수록 골치 아픈 문제가 되고 있어.

사막이 늘어나는 이유는 중국 경제가 눈부시게 빨리 성장하고 인구도 계속 늘어나고 있기 때문이야.

공업을 비롯한 산업이 급속하게 발전할수록 물과 목재 같은 산업의 원료가 덩달아 많이 필요해지겠지? 그러니 갈수록 대규모로 숲을 벌목하고 지하수를 퍼내고 강물을 끌어서 쓰게 돼. 이처럼 숲이 줄어들고 땅의 물이 마르니 사막이 늘어날 수밖에 없는 거야.

또 중국 사람들의 생활 수준이 높아지면서 갈수록 고기를 많이 먹고 있어. 그러니 가축 방목지도 크게 늘어나지 않겠니? 문제는, 이런 곳은 가축들이 풀과 나뭇잎들을 마구 뜯어 먹기 때문에 땅이 망가져서 사막화되기 쉽다는 점이야.

나아가 최근 들어서는 지구 온난화로 계속 기온이 올라가고 강수량이 줄어들고 있어서 사막화도 갈수록 빨라지고 있어. 기온이 올라가면 식물과 땅 표면의 수분이 더 많이 더 빨리 증발하게 되니까, 당연히 사막이 늘어나게 되는 거지.

비슷한 얘기로 극심한 가뭄이 갈수록 더 자주 발생하는 것도 큰일이야. 오늘날 중국 내륙 지역에서는 강이 말라붙고 호수가 통째로 사라지는 일이 자주 벌어지고 있어. 세계에서 가장 큰 강 가운데 하나로 꼽히는 황허강도 이 때문에 말라붙는 구역이 엄청나게 늘어났대.

그리고 그 결과 사람들이 마을을 버려두고 떠나는 일도 자주 일어나고 있어. 그렇게 오랫동안 정든 삶의 터전에서 밀려난 사람들은 여기저기를 정처 없이 떠돌거나 대도시 변두리 같은 낯선 곳에서 온갖 고생을 하며 살아가는 경우가 많아.

한마디로 지구 온난화와 산업화가 일으키는 사막화로 자연과 사람이 동시에 어려움을 겪고 있는 거야. 황사는 바로 그런 현실을 잘 보여 주는 상징이라고 할 수 있겠지.

인간과 자연이 더불어 사는 강의 나라, 일본

일본의 한가운데쯤 태평양과 만나는 지점에 요코하마라는 큰 항구 도시가 있어. 일본의 수도인 도쿄 바로 아래쪽에 위치한 덕분에 일찍부터 서양의 문화와 상품이 들어오는 길목이었지. 무역 도시이자 공업 도시로 발전해 온 이 요코하마를 흐르는 강 중 하나가 이타치강이야.

이 강은 원래 풍광이 아름답고 물이 넉넉한 곳으로 유명했어. 그래서 주민들의 사랑을 듬뿍 받았지. 그런데 1970년대를 거치면서 산업화와 도시화, 인구 집중이 급속하게 이루어지면서 이 강도 빠르게 오염되기 시작했어.

강 근처에 집들과 공장들이 속속 들어섰고, 강 전체 유역의 절반이 대규모 개발 구역에 포함되기도 했거든. 이런 데서 오염된 폐수와 쓰레기 따위를 대량으로 쏟아냈고, 그 결과 이타치강은 '도시의 하수구'처럼 더러워지고 말았어.

아름답고 깨끗했던 강이 이처럼 삽시간에 망가지는 것을 안타까워하던

소(沼)와 여울

강에서 '소(沼)'란, 강바닥이 우묵하게 파여 물이 고이는 곳을 뜻한다. '여울'은 바닥이 얕거나 폭이 좁아서 물살이 세게 흐르는 곳을 가리키는 말이다. 둘 다 강 생태계를 구성하는 핵심 요소로, 강에서 살아가는 다양한 동식물들에게 반드시 필요하다. 특히 물고기들이 알을 낳거나 생활하고, 강물에 산소를 공급하고, 강물의 오염을 막는 데 중요한 역할을 한다.

요코하마 시민들은 1980년대에 강 살리기 운동을 벌이기 시작했어. 강을 살리기 위해 무엇을 어떻게 할지 머리를 맞대고 의논한 끝에 그들은 이런 결론을 내렸어.

"강이 가지고 있던 본래의 자연스러운 흐름을 되살리고 강 생태계를 복원하자."

이에 따라 요코하마 시민들은 강바닥을 다시 정비해 소와 여울을 만들고, 강 근처에 수풀을 심고, 강변에는 콘크리트 제방 대신에 흙과 나무로 만든 제방을 쌓아 자연을 최대한 되살렸어.

또 콘크리트 제방을 전부 없애지는 못했지만 일직선 모양으로 바뀐 물길의 일부 구간을 강의 본래 모습인 곡선 형태로 바꾸었지. 20년 동안 꾸준히 이런 노력을 기울인 결과 마침내 이타치강은 깨끗하고 아름다운 옛 모습을 되찾고 시민들의 자랑거리로 다시 태어났어.

눈여겨볼 것은 이런 강 살리기 과정에서 주민들의 참여가 아주 커다란 구실을 했다는 점이야. 일본에서는 이런 주민 참여가 얼마나 중요한지 강을 다루는 법률에도 분명히 못 박고 있어. 그러니까 강을 살리는 일을 정부가 일방적으로 주도하는 것이 아니라 지역 주민, 시민 단체, 전문가 등이 폭넓게 참여해 서로 민주적으로 의견을 나누고 정보를 주고받으면서 결론도

다 함께 내려야 한다는 거지.

    이는 정부 혼자서 진행한 강 살리기 사업이 여러 지역에서 갈등과 혼란을 불러일으키고, 그래서 결국은 실패로 돌아간 경험을 교훈으로 삼은 결과야. 무엇보다 남의 지시나 통제를 받는 것이 아니라, 스스로 주인이 되어 참여 의식과 책임감을 가지고 일을 해야 그 일이 잘 진행될 수 있잖아? 민주주의란 게 바로 이런 거지.

　일본은 아시아에서 산업화가 가장 먼저 이루어졌기 때문에 강의 오염도 가장 먼저 겪었고, 그 결과 강 살리기 활동도 일찍부터 시작됐어. 그런 경험 속에서 그들은 시민의 참여를 중시하는 민주주의의 원칙을 잘 실천해야 강 살리기도 성공할 수 있다는 것을 터득했지.

　그래서 일본에서는 지역 주민들이 먼저 강을 살리자는 여론을 일으키고, 강을 살리는 과정에서도 주민들의 힘과 아이디어 그리고 적극적인 참여가 큰 역할을 하는 경우가 많아. 우리가 배우고 본받아야 할 점이지.

소금 사막으로 변한 바다, 아랄 해

　조금 어려울지 모르겠는데 '내해內海'라는 낱말이 있어. 한자의 뜻풀이 그대로 안에 있는 바다, 곧 육지로 둘러싸인 바다를 뜻하는 말이야. 그런데 세계에서 네 번째로 큰 내해가 지금 완전히 사라지고 있어서 많은 사람이 걱정하고 있단다.

　기후가 매우 건조한 중앙아시아 중심부에 있는 아랄해가 바로 그 주인공이야. 1960년대 초까지만 해도 면적이 우리나라의 3분의 2에 이르는 엄청나게 큰 내해였지. 하지만 지금은 물 90퍼센트, 면적 75퍼센트가 줄어들어 지도에서 아예 없애야 할 지경에 처하고 말았어. 대신에 푸른 물이 넘실대던 그 드넓었던 바다와 인근 지역의 대부분이 황폐한 소금 사막으로 변해 버렸지.

도대체 왜 이렇게 됐을까? 아랄해는 지금은 독립한 카자흐스탄과 우즈베키스탄이라는 나라로 둘러싸여 있지만, 1990년대 초까지만 해도 옛 소련의 영토였어. 그리고 아랄해에는 시르다리아강과 아무다리아강이라는 두 개의 큰 강이 흘러들면서 물을 공급하고 있어.

그런데 소련이 1960년대부터 아랄해 인근 지역에 대규모로 면화를 재배하면서, 면화 재배에 필요한 물을 끌어들이려고 이 두 강의 물줄기를 돌려 버린 거야.

이게 가장 큰 원인이지만, 한편으로는 지구 온난화로 물의 증발량이 많아진 것도 영향을 미쳤어. 흘러들어 오는 물이 줄어든 데다 물의 증발량까지 많아지니 아랄해의 수위가 급속히 낮아지는 건 당연한 일이지.

이렇게 되자 물에 들어 있는 소금기와 광물질의 농도가 급격히 높아져 식수로 사용할 수 없게 됐어. 또 이전엔 풍부했던 철갑상어와 잉어와 같은 물고기들이 사라지게 됐고.

예전에는 많은 물고기 덕분에 사람으로 북적거리고 항구 도시들이 형성되어 어업과 수산물 가공업이 번창했었어. 하지만 이젠 항구 자체가 없어져 버리고 어업은 완전히 문을 닫을 지경이 된 거야.

이런 현실을 더욱 악화시키는 건 기후 변화야. 여름은 더욱 메마르고 더워지는 반면 겨울은 더욱 혹독하게 추워지고 기간도 길어지고 있거든.

먼지 폭풍과 소금 바람 또한 한층 심해져서 멀리 떨어진 지역으로까지 사람 몸에 해로운 먼지와 소금을 날려 보내고 있고. 이 탓에 이곳 주민들 건강도 나빠져 호흡기 질환과 암을 비롯한 갖가지 질병으로 고생하는 사람들이 부쩍 늘었어.

이처럼 평화로운 바닷가 마을이었던 곳이 소금 바람이 불어대는 사막 같은 곳으로 바뀌자 주민들은 정든 고향을 등지고 이곳을 떠날 수밖에 없게 되었어. 오랜 세월 고기잡이를 하면서 이어 오던 전통적인 삶의 방식이 불과 수십 년 만에 파괴되고 만 거지.

물론 아랄해를 살리기 위한 노력이 없는 건 아니야. 아랄해의 북쪽에 자리 잡은 카자흐스탄은 아랄해를 보존하려고 그나마 이런저런 애를 쓰고 있대.

하지만 남쪽의 우즈베키스탄은 사실상 아랄해를 포기한 상태야. 아랄해를 살리기는커녕 도리어 이 지역에서 가스와 유전을 탐사하느라 아랄해를 더 망가뜨리고 있지.

물론 가스와 유전을 개발하는 게 필요한 일일 수도 있어. 하지만 그것도 정도껏 해야지, 안 그래도 아예 사라질 지경에 처한 바다를 더 빠른 속도로 죽음으로 몰아넣는 건 좀 심한 게 아닐까 싶어. 더구나 방금 말했듯이 이 바다에 의지하며 살아온 수많은 사람의 생활도 산산조각 나고 있잖아.

사람과 자연을 이처럼 극도로 파괴하면서 이루어지는 개발은 좀 자제하는 게 좋지 않을까? 또 가스나 유전 개발로 이득을 얻는 사람들은 멀리 떨어진 곳에 사는 사람들인 반면에 정작 이 지역 사람들은 큰 피해를 보게 되니, 정말 불공평한 일이기도 하지.

어쨌든 아랄해를 보면 지금 당장 필요한 것을 얻으려고 자연을 아무렇게나 망가뜨린 대가가 얼마나 무서운지를 알 수 있어. 아랄해가 이 지구상에서 완전히 사라지고 나서야 그 교훈을 깨닫는다면 너무 늦은 게 아닐까?

'착한 여행'을 떠나자

네팔 청년 빌 바둘은 히말라야산맥에서 등산객들의 짐을 나르는 포터로 일하고 있어. 히말라야 산악 지대는 아주 높은 산들이 즐비하고 신비스러운 매력을 뿜어내는 곳이어서 전 세계에서 산을 좋아하는 사람이 많이 몰려드는 곳이야. 이들은 보통 등산을 편안하게 하려고 빌 바둘과 같은 네팔 현지 사람을 짐꾼으로 고용하는 경우가 많아.

그런데 빌 바둘의 본래 직업은 포터가 아니야. 산 아래쪽 평지 마을에서 농사짓는 게 본업이지. 하지만 가난한 시골 마을에서 농사만으로는 병든 부모님을 모시고 어린 동생들을 돌보면서 살아가기가 너무 힘든 거야. 돈을 한 푼이라도 더 벌어야 하는 거지. 그래서 농사일이 바쁘지 않을 때 포터로 일하는 거야.

그런데 빌 바둘은 포터 일을 너무 힘들어. 우선은 받는 돈이 너무 적어. 죽어라 일을 해도 하루에 받는 돈이 고작 4천 원에서 5천 원밖에 안 되거든. 일 자체도 너무 힘들고.

높고 가파른 산을 짐 없이 맨몸으로 올라가도 힘든 판에 보통 40~50킬로그램에 달하는, 때로는 자기 몸무게보다 더 무거운 짐을 짊어지고 올라가야 하니 얼마나 힘들겠니.

뿐만이 아니야. 빌 바둘에게 싼값에 짐을 맡긴 여행자들은 편안한 숙소에서 따뜻한 물로 샤워하고 스파게티와 햄버거를 먹으며 쉬지만, 빌 바둘에게는 숙소도 식사도 제공하지 않는대. 그래서 돈을 아끼려고 하루 식사는 두 번만 하고, 심지어

여행자가 떠나고 식당 바닥이나 동굴 같은 데서 잠을 자는 경우도 있대.

한 번은 빌 바둘이 무거운 짐을 지고 깎아지른 듯한 등산 코스를 낑낑대며 오르다가 갑자기 고산병까지 겹치는 바람에 그만 쓰러진 적이 있어. 그런데 이때 빌 바둘에게 주어진 것은 치료나 휴식이나 보상이 아니었어. 그러기는커녕 일을 제대로 못 했으니 일당을 줄 수 없다는 일방적인 통보가 날아들었지.

이러니 고된 일을 끝내고 녹초가 된 몸으로 집에 돌아올 때마다 빌 바둘은 포터 일을 그만두고 싶은 생각이 불쑥불쑥 들어. 하지만 이렇게라도 악착같이 돈을 벌지 않으면 식구들과 먹고살 수가 없으니, 아무리 몸이 아프고 힘들어도 또 아무리 부당한 대접을 받아도 일을 계속할 수밖에 없는 거야.

요즘 많은 사람이 해외여행을 한다는 건 잘 알고 있지? 이미 엄마 아빠와 함께 해외여행을 다녀온 사람도 있을 테고. 우리가 외국에 여행 가서 편안히 먹고 마시고 구경 다니며 노는 건 즐겁고 좋은 일이지만, 여기서 잠깐 생각해 볼 것들이 있어.

수많은 사람이 즐기는 히말라야 등반이라는 밑바닥을 들추어 보면 빌 바둘 같은 사람의 이야기가 숨어 있듯이 말이야.

예를 들면, 세계 각지의 유명한 관광지나 휴양지에는 으리으리하고 화려한 리조트, 호텔, 놀이 시설 같은 것들이 많이 있잖아?

그런데 그런 곳 중에는 관광지로 개발되기 전 그 지역 주민들이 집을 짓고 물고기를 잡고 농사를 지으며 오순도순 살던 곳들이 많아.

그런 곳이 갑자기 관광지가 되면 그곳 주민들의 생활에도 큰 변화가 일어나게 돼. 대체로 집에서 쫓겨나거나 물고기 잡는 걸 금지당하거나 농사를 짓지 못하게 되는 경우가 많지. 그러고선 리조트나 호텔의 불안정적이고 낮은 임금을 받는 일꾼으로 고용되기 일쑤지.

또 관광객들이 여행지에서 돈을 많이 쓰잖니? 근데 그 돈은 다 어디로 갈까? 그 돈의 대부분은 호텔, 항공사와 여행사, 식당 등을 통해 외부로 빠져나가는 경우가 많아. 관광업으로 지역 경제가 발전한다는 얘기를 많이 하지만, 실제로 현지 사람들에게 그 혜택이 돌아가는 경우는 드물어.

관광이 환경을 망치고 에너지와 자원을 지나치게 낭비하는 경우도 많아. 이를테면 히말라야 여행자가 뜨거운 물을 쓰기 위해 히말라야 숲의 나무가 매일 세 그루씩 베어지고 있어. 또 골프장 한 곳을 운영하는 데 아프리카 시골 마을 다섯 곳의 농사와 생활에 필요한 물이 사용된대.

그러니 이제 여행을 가더라도 우리가 묵는 리조트나 호텔이 혹시 누군가의 마을을 밀어내고 들어선 것은 아닌지, 우리가 수영을 즐기고 물놀이하는 물이 혹시 누군가의 마실 물은 아닌지, 우리가 놀고 쉬는 바닷가가 혹시 이전엔 그 지역 주민들이 물고기를 잡으며 생활하던 곳은 아닌지, 우리의 여행이 혹시 누군가의 삶을 괴롭히거나 누군가의 것을 빼앗으면서 이루어지는 것은 아닌지, 한번쯤 생각해 볼 필요가 있지 않을까 싶어.

그래서 요즘은 새로운 개념의 여행이 널리 퍼지고 있단다. 우리가 여행에서 쓰는 돈이 그 지역 사람들에게 정당하고 공정하게 돌아가는 여행, 숲과 강과 바다를 지키고 사라져가는 동물을 살리는 여행, 여행하는 지역의 문화나 풍습을 무시한 채 무턱대고 소비만 즐기는 여행이 아니라 그곳의 문화와 지역 주민의 삶을 존중하고 체험하는 여행, 봉사 활동과 같은 의미 있는 일을 경험할 수 있는 여행 말이야.

바로 이런 여행을 '착한 여행', '공정 여행'이라고 해. 조금 불편하고 귀찮을지 몰라도 이런 여행을 한다면 보다 많은 것을 배우고 느낄 수 있지 않을까? 또 이런 여행을 한다면 빌 바둘 같은 사람을 만나도 국적이나 피부색이나 언어를 뛰어넘어 서로 친구가 될 수 있지 않을까?

생물 해적질을 중지하세요! 인도의 님 나무 사건

인도 어디에서나 흔히 볼 수 있는 인도 특산 나무로 님neem 나무란 게 있단다. 인도 사람들은 아주 오랜 옛날부터 이 나무를 다양한 분야에서 사용해 왔어. 의약품, 살충제, 건축 재료, 연료로는 물론 치약과 비누와 칫솔을 만드는 데에도 사용되지. 그래서 '축복받은 나무', '모든 병을 치유하는 나무'가 이 나무의 별명이야.

그런데 님 나무의 이런 신비스럽고 다양한 효능이 알려지자 미국의 어느 기업이 님 나무에서 생물 농약 성분을 뽑아내 특허를 받아 냈어. 특허란, 어떤 사람이나 기업이 특정한 권리를 독점적으로 사용하도록 자격을 주는 걸 말해.

그러니까 원래 인도 사람들은 돈을 지불할 필요 없이 자연에 존재하는 님 나무를 그냥 자유롭게 사용했는데, 특정 기업이 님 나무에 대한 특허권을 얻게 되면서 님 나무를 사용할 때마다 그 기업에 돈을 내게 된 거야.

그러니 인도 사람들이 님 나무를 자기들 소유물로 만들어 떼돈을 벌려는 미국 기업에 극렬하게 저항하는 것은 당연한 일이지. 인도 농부들은 반대 운동의 상징으로 각자가 꺾어 온 님 나뭇가지를 손에 들고서 미국 기업에 반대하는 시위를 벌였어. 이게 바로 님 나무 사건이야.

인도에서는 최근까지도 다양한 생명체들을 사회의 공동 소유물로 여겨 왔어. 농작물의 씨앗이라든가 숲의 식물 같은 것들은

**토종 종자를 지키자!
인도 나브다냐 운동**

거대 기업들은 인도 사람들에게서 농작물과 같은 식물의 씨앗, 즉 종자도 빼앗으려 하고 있다. 님 나무와 마찬가지로 특허를 받아서 종자에 대한 권리를 독차지하고 돈을 벌려는 것이다.
이것에 반대하는 대표적인 움직임이 나브다냐 운동이다. 토종 종자를 지키고 유기농을 널리 보급해 전통 농업을 보존하는 것이 이 운동의 핵심이다. '나브다냐'란 '아홉 가지 종자'를 뜻하는 인도 말이다.
나브다냐 운동은 인도에서 세 곳의 종자은행을 운영하고 있는데, 여기서 보관하고 있는 벼 종자만 1천2백 가지가 넘는다. 원하는 사람은 누구나 무료로 이용할 수 있다. 인도의 유명한 환경운동가인 반다나 시바가 이끌고 있는 이 운동은 오늘날 종자와 같은 소중한 생물 자원과 전통적인 농업 지식을 보호하는 데 큰 역할을 하고 있다.

모든 사람이 공짜로 이용해 왔지. 그리고 땅이나 농사, 식물에 대한 지식도 특정인이 혼자서만 독차지하는 게 아니라 모두가 평등하게 공유해 왔고.

님 나무 사건이 중요한 이유는 이처럼 사고팔 수 없는 인류 공동의 자산을 기업의 돈벌이 도구로 전락시키는 것을 반대하는 운동이었기 때문이야. 기업이 자신들이 개발했다며 특허를 내려 한 기술도 따지고 보면 인도 사람들이 오랜 세월 경험을 통해 쌓아 온 전통적인 지식이지. 이처럼 대대로 전해 내려오는 생명체에 대한 전통 지식을 마치 자기 것처럼 주장하면서 빼앗으려는 기업의 행태를 '생물 해적질 biopiracy'이라고 부르기도 해.

기억해야 할 것은, 이러한 생물 해적질로 이익을 얻는 것은 몇몇 거대한 기업들뿐이지만 이것으로 피해를 보는 것은 이름 모를 수많은 사람이라는 점이야.

특히 님 나무처럼 자연이 공짜로 제공해 주는 선물에 기대어 살아가는 가난한 사람들이 가장 큰 피해를 보게 되지.

이처럼 기업의 탐욕스러운 횡포에 무릎 꿇지 않고 저항하는 것은 자연과 생명과 농업에 대한 지식과 지혜를 평등하게 공유하려는 노력이라고 할 수 있어. 사람들이 마땅히 누려야 할 권리와 민주주의를 지키는 것이기도 하고.

님 나무 얘기는 과거 일제 강점기부터 외국에 수많은 생물 자원을 빼앗겨 온 우리에게도 깊이 되새겨야 할 교훈이란다.

물이 바닥나고 있다

물이 바닥나고 있다고 하면 실감이 안 날지도 모르겠구나. 사실 우리 주변에서 물 부족으로 크게 고생하는 경우를 쉽게 접하긴 어려우니까. 하지만 지구 전체 차원에서 보면 지금 물이 빠른 속도로 사라지고 있단다. 그리고 이처럼 물이 부족해지는 것은 앞으로 우리나라에서도 얼마든지 일어날 수 있는 일이야.

과학 시간에 공부해서 알겠지만 지구상에 물은 물 → 수증기 → 구름 →

비의 형태로 끊임없이 순환하고 있어. 그래서 물이 고갈되는 사태는 영원히 일어나지 않을 거라고 생각하기 쉬워. 하지만 사람이 먹을 수 있는 깨끗한 물은 달라. 최근 수십 년 동안 세계적으로 아주 빠르게 산업화가 이루어지고 인구가 늘어난 데다 환경 파괴도 심했기 때문에 물도 많이 오염됐거든.

미국이나 서유럽 같은 곳은 그래도 사정이 좀 나은 편이야. 하지만 가난한 나라가 많은 아시아, 아프리카, 중남아메리카의 공장이나 집, 건물 등에서 나오는 오·폐수의 거의 대부분은 오염 물질이 제대로 처리되지 않은 채 그대로 강이나 바다로 흘러들어 가고 있어.

예를 들면 중국 같은 나라가 대표적이야. 최근 중국은 세계에서 가장 빠른 경제 성장을 이룩했지만, 그 과정에서 환경 오염은 신경을 안 썼거든. 그 결과 커다란 강 80퍼센트가 생물이 살 수 없을 정도로 오염되었대. 중요한 도시들의 지하수도 90퍼센트나 오염되었고.

바닷물을 먹는 물로?

지구 표면의 70퍼센트가 물로 이루어져 있기 때문에 얼핏 생각하면 물이 아주 넉넉하다고 여길 수도 있다. 하지만 그중에서 97퍼센트가 바닷물이다. 강이나 호수처럼 육지에 존재하는 물은 불과 3퍼센트밖에 안 된다.
그런데 그런 육지의 물도 대부분은 빙산과 빙하로 이루어져 있기 때문에 사람이 실제로 쉽게 쓸 수 있는 물의 양은 지구 전체 물의 0.03퍼센트 정도밖에 안 된다.
그래서 바닷물에서 염분을 없애 사람이 마시고 사용할 수 있는 물로 바꾸는 기술을 여러 나라가 개발해서 사용하고 있다.
그런데 여기에는 많은 문제점이 있다. 첫째, 바다가 오염된다. 둘째, 돈과 에너지가 너무 많이 든다. 셋째, 작업 과정에서 오염 물질과 온실가스가 많이 나온다. 넷째, 바닷물에 들어 있는 유해 물질을 완전히 없애는 건 불가능하다. 다섯째, 이렇게 만든 물은 비싼 돈을 지불해야만 구할 수 있다. 이런 여러 가지 문제점들 때문에 이 방법으로는 물 부족 사태를 해결할 수 없다는 게 많은 사람의 의견이다.

하지만 가장 심각한 곳은 아프리카야. 아프리카의 전체 인구는 10억 명 정도인데, 그 가운데 3억 명 정도가 깨끗한 물을 마시지 못하고 있대. 그런데 앞으로 15년 안에 이런 사람이 5억 명까지 늘어날 거래. 머지않아 아프리카 사람 두 명 중 한 명이 안전한 물을 먹지 못하게 된다는 거지.

먹을 수 있는 물이 부족해지고 있는 것도 문제지만 오염된 물 때문에 많은 사람이 죽거나 병에 걸리는 것도 큰 문제야. 특히 어린이나 노약자들이 큰 피해를 보고 있지. 세계 보건 기구라는 곳에서 지구상 모든 질병의 80퍼센트가 오염된 물과 관계가 있다고 보고한 적이 있을 정도야.

그래서 '물 빈민'이나 '물 난민' 같은 말까지 등장하고 있어. 유엔의 예측에 따르면, 앞으로 20년 뒤면 가난한 나라의 큰 도시 중심부에서 생활하는 사람 가운데 절반 정도가 화장실 같은 위생 시설이 없거나 물을 제대로 공급받지 못하는 '물 빈민'이 될 거래.

또 매일 수백 명의 멕시코 사람이 미국으로 가려고 목숨을 걸고 국경을 넘고 있어. 자신들의 고향인 멕시코 농촌에서 물이 말라 버려 농사를 더 이상 지을 수 없게 되었기 때문이야. 그러니까 이들은 물 부족 때문에 고향을 등지고 살길을 찾아 다른 나라로 떠날 수밖에 없는 '물 난민'들인 셈이지.

지난 20세기 100년 동안 세계 인구는 세 배가 늘었지만 물 소비량은 일곱 배나 늘었어. 물이 어디서 새로 생겨나지 않는 한, 이런 흐름대로 간다면 앞으로 물이 더욱 부족해지리란 건 불을 보듯 뻔한 일이야.

돈을 아무렇게나 마구 쓰면서 낭비할 때 돈을 물 쓰듯 한다는 말을 하잖아? 옛날엔 물이 풍족해서 막 써도 괜찮았으니까 나온 말이야. 하지만 물이 갈수록 귀해지고 있으니, 이제 이런 말도 함부로 하기 힘들 것 같아. 이제는 물을 최대한 아껴 쓰고 깨끗한 물이 오염되지 않도록 잘 보존하는 게 아주 중요해.

지구 온난화와 교토 의정서

우리나라 동해에서 가장 많이 잡히던 명태가 사라지는 이유는 뭘까? 과일이나 농작물 재배 지역이 달라지고, 꽃이 피는 때가 바뀌는 이유는 뭘까? 이게 다 지구 온난화로 인한 기후 변화 때문이란다.

바다의 온도가 높아지고 한반도 전체의 기후가 지금보다 더운 아열대성으로 변하기 때문에 이런 일들이 벌어지는 거야. 이처럼 지구 온난화는 우리 일상생활에 직접적이고 구체적으로 영향을 미친다고 할 수 있어.

북극에 북극곰과 남극에 펭귄이 점차 줄어드는 것도 같은 이유 때문이야. 온난화 때문에 빙하가 녹아 이들의 서식지가 줄어들고 기후 변화로 이들의 먹이가 줄기 때문이지. 한마디로 자연이 변하고 있는 거야. 이렇게 보면 지구 온난화는 지구와 인류의 생존 자체를 좌우하는 문제이기도 한 거지.

물론 온난화 현상은 과거에도 있었어. 하지만 19세기 정도까지는 그냥 자연 활동의 결과였어. 이에 비해 지금의 온난화는 사람이 석탄이나 석유와 같은 화석 연료를 대량으로 사용하고 산업 활동 등을 하면서 만들어 낸 이

산화탄소와 같은 온실가스 때문에 발생한 거야.

지난 150년 동안 지구 평균 기온은 1.09도 올랐어. 우리나라는 다른 나라에 비해 산업화가 훨씬 빠르게 이루어졌기 때문에 온난화 속도가 세계 평균보다 두 배 정도나 빨라. 이 정도면 별거 아니라고 생각할지도 몰라. 그러나 자연이란 본래 아주 민감하기 때문에 이 정도의 온도 변화만으로도 아주 큰 영향을 받게 되어 있어. 또 자연 생태계 전체는 아주 긴밀하게 서로 연결되어 있기 때문에 어느 한 부분에서 일어나는 변화라 해도 전체 자연에 그 영향이 미치게 되어 있어.

혹시 이런 의문을 품는 사람이 있을지도 모르겠구나. 지구가 더워진다는데 왜 겨울에 추위가 더 심해지고 눈도 더 많이 내리냐고 말이야. 하지만 지구가 꾸준히 더워지고 있는 것은 분명하게 확인된 사실이야. 이런 큰 흐름 속에서 폭설, 한파, 게릴라성 호우, 가뭄과 홍수, 태풍 같은 기상 이변 현상이 지역에 따라 예측하기 힘든 양상으로 나타나는 거지.

우리나라처럼 북극과 적도의 중간쯤에 위치한 지역에서 이전보다 겨울이 더 추울 때가 있는 것도 온난화 때문이라고 할 수 있어. 본래는 북극 쪽에서 찬 공기를 붙잡아 두고 있었는데, 온난화로 북극이 더워지는 바람에 그 차가운 공기가 우리나라가 위치한 아래쪽으로 밀려 내려온 거야.

이런 지구 온난화에 대응하려는 지구 전체의 노력과 여러 나라 간의 협상 결과가 '교토 의정서'야.

1997년 12월에 이 의정서를 채택한 '기후 변화 국제회의' 장소가 일본의 교토기 때문에 이런 이름이 붙었지. 미국, 일본, 유럽 국가들을 비롯해 그동안 온실가스를 많이 배출해 온 서른 여덟 개 선진국이 2008년에서 2012년 사이에 온실가스 배출량을 1990년보다 평균 5.2퍼센트 줄인다는 게 핵심 내용이야.

하지만 세계에서 온실가스를 가장 많이 배출하는 미국이 2001년에 자신들한테 너무 손해라며 일방적으로 교토 의정서를 따르지 않겠다고 선언해 버렸어. 또 이후에도 몇 번이나 계속해서 회의를 열었지만 나라들 간에 이해관계가 제대로 조정되지 않았어. 지구 환경을 지키기 위한 교토 의정서라는 소중한 국제적 노력이 커다란 효과를 거두지 못했지.

그 뒤 세계 사람들은 갈수록 깊어가는 기후 위기에 더 강력한 대응이 필요하다는 마음으로 다시 모였어. 그렇게 해서 2015년에 새롭게 탄생한 것이 '파리 협정'이야. 여기선 세계 모든 나라가 지구 온도 상승 폭을 산업혁명 이전 대비 1.5도를 넘지 않도록 노력한다는 국제적 합의가 이루어졌어.

사실 선진국과 개발 도상국 사이에는 의견에 큰 차이가 있단다. 현재 온난화를 일으키는 온실가스의 대부분은 산업화를 먼저 이룬 선진국들이 배출한 거야. 그래서 개발 도상국들은 반발하는 거야.

이제 막 산업화의 걸음마를 시작했는데 선진국들이 다 같이 온실가스를 줄이자고 하니까 개발 도상국들은 이제껏 지구 환경을 망가뜨린 게 누군데 이제 와서 잘 살아 보려는 자신들에게 책임을 뒤집어씌우느냐고 반발하는 거지. 일리가 있는 주장이야.

> **'의정서'란?**
> '의정서'란, 국가 간에 외교적 협의, 국제회의의 논의 사항, 어떤 사실에 대한 공식 보고서 등에 이들 사안과 관계가 있는 여러 나라가 서명을 한 외교 문서를 말한다. 일반적으로 조약과 같은 뜻으로 많이 쓰이고 있다.

그렇다고 해서 지금의 선진국들처럼 개발 도상국들이 온실가스를 마구 배출하면 지구의 미래가 위험해지는 것 또한 사실이잖아? 그래서 선진국부터 자신들의 책임에 걸맞게 온실가스 배출을 먼저 줄이되, 개발 도상국들도 이에 점차 동참하고 선진국은 이들에게 기술과 자금을 지원해 이런 노력을 돕자는 쪽으로 합의가 이루어지고 있어.

온난화를 막고 지구를 살리는 것은 멀고 험하더라도 반드시 가야 할 길이야. 이를 위해 우선은 미국을 비롯한 선진국들이 보다 많은 책임을 져야 해. 동시에 개발 도상국들 또한 인류 공동의 미래를 내다보면서 함께 이 길에 참여하는 지혜를 발휘해야겠지.

> **'개발 도상국'이란?**
> '개발 도상국'이란 일반적으로 산업의 근대화와 경제 개발이 선진국에 비하여 뒤떨어진 나라를 일컫는 말이다. 제2차 세계 대전 이후에 독립한 아시아, 아프리카, 중남아메리카의 여러 나라들이 주로 해당된다.

 고양이가 자살을?

스스로 벽에 머리를 부딪치거나 불이나 물속에 뛰어들어 죽는 고양이가 있다면 어떤 느낌이 들까? 마치 공포 영화의 한 장면 같지? 그런데 일본에서 이와 비슷한 일이 벌어진 적이 있단다.

일본은 아시아에서 가장 먼저 산업화가 이루어진 탓에 환경 오염도 일찍 시작되었고, 환경 오염으로 걸리는 질병인 '공해병'도 많이 발생했어. 그중에 가장 대표적인 게 '미나마타병'이야.

일본의 미나마타라는 바닷가 지역에서 1950년대에 괴상한 일들이 벌어졌어. 평소에는 볼 수 없었던 특이한 행동을 하는 기형 물고기들이 나타나고, 그 물고기를 먹은 고양이나 개들이 미친 듯이 날뛰거나 마치 자살하는 것과 같은 모습으로 죽어가는 희한한 일이 발생한 거야. 곧이어 사람들마저 손발이 마구 뒤틀리거나 마비되는 일이 연달아 벌어졌지.

사람들은 처음엔 무슨 영문인지 몰라 허둥지둥했지만, 곧 이 사건들 사이에 어떤 연관이 있으리란 걸 직감하고 조사 작업에 들어갔어. 조사 결과는 충격적이었지.

근처의 비료 공장에서 수은을 정화 처리하지 않은 채 바다에 버렸고, 그 수은을 먹은 물고기를 사람과 동물들이 먹으면서 그런 끔찍한 병이 생긴 거야. 이 사건이 발생한 지명을 따서 붙여진 미나마타병은 그러니까 한마디로 수은에 의한 공해병이라고 할 수 있어.

수은은 사람 몸속에 쌓일 경우 신경 계통 등에 치명적인 피해를 주는 유해 중금속이야. 그래서 이 병에 걸리면 운동 장애, 언어 장애, 시력과 청력 저하, 근육의 뒤틀림과 경련, 손발 마비 등의 증세가 나타나서 결국엔 죽음에 이르게 돼. 임산부의 경우는 기형아를 낳을 가능성이 아주 높아지고.

그런데 이 사건 뒤에 병의 원인을 제공한 비료 회사와 관리 책임이 있는 정부가 자신들의 잘못을 인정하지 않는 바람에 제대로 된 조치가 이루어지지 못했어. 그 결과 얼마 못 가서 일본의 다른 지역에서도 이와 똑같은 사태가 벌어지기도 했지. 이후 세계 여러 곳에서 이 무시무시한 병이 계속 발생했고.

또 하나 중요한 공해병은 '이타이이타이병'이야. '이타이이타이'는 일본말로 '아프다. 아프다.'라는 뜻이야. 이 병에 걸리면 너무 아프고 고통스럽기 때문에 붙여진 이름이지.

이 병은 카드뮴 중독증이야. 일본의 어느 광산에서 아연을 제련하면서 광석에 포함돼 있는 카드뮴이라는 해로운 중금속을 제거하지 않고 강물에 그냥 버린 게 원인이었지.

그 강물을 먹거나 농사짓는 데 사용한 사람들의 몸속에 카드뮴이 쌓이면서 이 병이 발생한 거야. 이 병에 걸리면 뼈가 물렁물렁해져서 조금 움직이는 것만으로도 뼈가 부러지기 쉬워. 심지어는 재채기를 하거나 의사가 진찰할 때 몸을 살짝 만졌는데도 뼈가 부러진 적이 있대.

또 하나 유명한 것은 요카이치 천식 사건이야. 1950년대에 바다를 끼고 있는 요카이치라는 도시에 석유 화학 공업 단지가 들어섰어. 그리고 그곳의 공장에서 아황산가스와 같은 유독 대기 오염 물질을 대량으로 뿜어냈지. 이 때문에 많은 주민이 천식, 기침, 호흡 곤란 따위의 질병이 발생한 사건이야. 이 사건으로 일본에서는 공해 건강 피해 보상법이라는 환경법까지 만들어졌고, 지금도 일본 정부가 공해 피해자들에게 보상비를 지급하고 있어.

이런 공포의 공해병들이 우리에게 가르쳐 주는 것은 뭘까? 인간이 훼손한 환경은 결국 부메랑이 되어 다시 그 피해가 인간에게 되돌아온다는 게 아닐까? 바로 '환경의 역습'이라고 할 수 있지.

나무를 베려거든 내 몸을 베라! 인도의 칩코 운동

1973년 3월 23일, 인도의 어느 외진 산골 마을. 갑자기 들이닥친 한 무리의 남자가 숲에 들어가 도끼와 전기톱으로 나무를 베기 시작했어.
"나무를 베려거든 차라리 내 몸을 베라!"
몰려나온 여인들이 두 팔을 벌려 나무를 껴안고 외쳤어.
"무식한 여자들 같으니! 나무를 베어서 내다 팔면 돈을 얼마나 많이 버는 줄 알아?"
남자들은 여인들을 깔보며 설득하려 들었지. 그러자 여인들은 이렇게 대답했어.
"숲은 우리에게 물이요, 땅이요, 식량이요, 생명이다! 나무는 베어서 돈벌이하라고 있는 게 아니다!"
결국 남자들은 나무를 베지 못하고 그냥 돌아가고 말았어.

위의 이야기는 숲을 파괴하는 벌목 반대 운동의 대명사인 '칩코 운동'이 탄생하는 순간의 이야기야. '칩코'라는 말은 인도 사람들이 쓰는 언어인 힌두어로 '나무를 껴안는다.'라는 뜻의 '칩코 안돌란'에서 나왔어.

당시 인도의 어느 라켓 제조 회사가 이 마을로 벌목 인부들을 보내 테니스 라켓의 원료가 되는 호두나무와 물푸레나무를 베려 했는데, 용기 있는 여성들의 저항으로 끝내 뜻을 이루지 못한 데서 칩코 운동이 시작된 거지.

칩코 운동은 이후에 인도 전역으로 퍼져나갔고, 숲을 지키고자 하는 숭고한 뜻에 동의하는 많은 사람이 참여하면서 운동의 힘이 더욱 커졌어. 결국 1976년, 인도 정부는 36만 헥타르에 달하는 아주 넓은 숲에 벌목을 금지하도록 했지.

본래 인도에서 나무를 살리는 투쟁은 여성들의 몫이었어. 몇백 년 전 인도 서부 라자스탄 지방의 한 왕이 왕국 근처 마을의 숲을 베라는 명령을 내렸어. 마을 사람들은 이 숲을 신령이 깃들어 있는 신성한 숲으로 여기고 있었지.

그래서 수백 명의 이 마을 여성은 왕이 보낸 벌목꾼들에 맞서 나무를 껴안고 저항했어. 하지만 결국 이들은 모두 벌목꾼들의 도끼질에 무참히 살해되고 말았지. 이 비극적인 사건이 나중에 칩코 운동의 역사적 배경이 된 거야.

사실 남자와 여자의 역할이 뚜렷이 구분되는 인도 산골 마을에서 음식을 만들고 난방을 하는 데 필요한 땔감을 구해 오는 것은 여성이 해야 할 중요한 일이야. 옛날엔 나무를 쉽게 구할 수 있었지만 영국의 식민 지배와 산업화를 거치면서 숲이 급속도로 사라지는 바람에 사정이 어려워졌지.

어떤 마을에서는 왕복 일곱 시간이나 걸리는 먼 곳까지 가서 30킬로그램이나 되는 나무를 머리에 이거나 등에 지고 와야 한대. 그러니 인도 여성들에게 숲과 나무가 얼마나 소중하겠어?

그런데 여기서 알 수 있는 사실은 여성과 자연 사이에는 공통점이 많다는 거야. 보살핌, 나눔, 더불어 살기 등과 같은 가치와 생명을 존중하는 마음이 그 핵심 내용이지. 다시 말해 자연이 살아 숨 쉬는 지속 가능한 세상, 평화롭고 우정이 넘치는 사회를 만드는 데 여성의 역할이 아주 크다는 거야.

숲의 황폐화라는 거친 파도를 막아 내고 마을 공동체를 지키는 데 빛나는 성공을 일구어 온 인도의 칩코 운동이 이것을 잘 보여 주고 있어.

물 폭탄에 휩쓸려 간 볼라섬 사람들

지구 온난화는 세계 모든 사람에게 영향을 미치지만 그중에서도 가난한 나라 사람들이 가장 큰 피해를 본단다. 대표적인 경우가 방글라데시 볼라섬이야.

이 섬은 방글라데시에서도 가장 악명 높은 온난화 피해 지역이야. 불과 40여 년 만에 섬의 절반이 사라졌거든. 환경 단체들은 앞으로 40년 안에 섬 자체가 사라질지도 모른다고 전망했어.

볼라섬이 이렇게 된 것은 섬의 위치 탓이 커. 이 섬은 히말라야산맥에서 시작해 방글라데시로 흘러드는 강들이 합류해 방글라데시 남쪽의 인도양 벵골만_{인도양 동북부의 큰 만}으로 빠지는 길목에 자리 잡고 있어.

그런데 지구 온난화로 히말라야의 만년설과 빙하가 녹아내리면서 벵골만으로 흘러드는 강물의 양이 급격하게 불어났고, 그렇게 불어난 강물이 볼라섬을 강타한 거지.

그 결과 기름진 농토가 대규모로 사라졌고, 섬 주민의 70퍼센트가 물 폭탄을 맞아 세 번씩이나 집을 잃는 참사가 일어난 거야. 그렇게 집도 땅도 다 잃어버리고 삶의 뿌리가 뽑혀 버린 사람들은 임시로 아무렇게나 지은 판잣집에서 근근이 살아가거나 대도시의 빈민촌으로 흘러들어 갈 수밖에 없어.

그 때문에 지금 방글라데시 주요 도시들의 빈민촌 인구가 급증하고 있

어. 한마디로 이들은 지구 온난화와 기후 변화라는 환경 재앙으로 정든 고향에서 쫓겨나 떠돌이가 되어 버린 '환경 난민'들이라고 할 수 있지.

또 다른 문제는 지구 온난화로 방글라데시 남쪽의 바닷물 수위가 계속 높아지고 있다는 거야. 그 때문에 농사지을 수 있는 땅이 점점 줄어들고 바닷물의 소금기가 땅으로 스며들면서 토양이 오염되고 있거든.

또 이처럼 농사짓는 게 어려워지자 수많은 논이 새우 양식장으로 바뀌고 있어. 그 탓에 방글라데시는 세계 10위권에 드는 새우 수출국이 돼 버렸지. 하지만 그렇다고 농부들 형편이 나아진 건 아니야. 오히려 일자리를 잃고 난민이 되는 경우가 많아. 새우 양식에는 일손이 별로 필요하지 않거든.

안 그래도 방글라데시는 인구 밀도도 높고 무척 가난한 나라야. 그에 더해 이제는 지구 온난화 대처 능력에서도 가장 취약하고 그 피해도 가장 큰 나라 중 하나로 손꼽히고 있어. 안타까운 일은 해결 방법을 찾기 어렵다는 거야.

방글라데시 강물의 90퍼센트 이상이 인도와 네팔 같은 외국에서 들어오기 때문에 강물을 통제하기 어렵고, 바닷물 수위가 올라가는 것도 지금 당장 사람의 힘으로는 막을 수 없기 때문이지.

방글라데시 사람들은 이렇게 말한대.

"우리한테 무슨 죄가 있죠? 지구 온난화를 일으킨 건 산업화를 먼저 이룬 잘사는 선진국들인데, 그 피해는 왜 가난한 우리가 몽땅 뒤집어써야 합니까."

실제로 통계를 보면, 방글라데시의 지구 온난화 원인 물질인 온실가스 배출량은 세계 전체 온실가스 배출량의 0.3퍼센트밖에 안 돼. 미국의 도시 가운데 하나인 뉴욕의 배출량보다도 적은 양이지. 방글라데시 사람들이 억울해 할 만하지? 지구 온난화를 해결하는 데 선진국의 책임이 훨씬 큰 이유가 여기에 있단다.

오래된 미래, 라다크 이야기

서구화와 개발의 바람이 밀어닥치면서 수백 년, 수천 년 동안 유지되어 오던 전통 사회가 무너지는 것을 흔히 볼 수 있어. 그중에서도 인도의 라다크 이야기는 《오래된 미래》라는 책을 통해 사람들에게 널리 알려지게 되었단다.

라다크는 인도 서북부 히말라야 고원에 자리 잡고 있는 황량하지만 아름다운 고장이야. 세계에서 가장 높은 지역 가운데 하나로, 여름에는 뜨거운 햇볕에 시달리고 보통 여덟 달이나 계속되는 겨울에는 영하 40도까지 떨어지는 곳이지. 그러니 기후와 자연환경만 보면 사람이 편히 살 곳은 아니라고 해야겠지?

하지만 이곳 사람들은 천년이 넘도록 자연과 조화를 이루면서 평화롭고 행복하게 살아왔어. 대부분 농사를 지으며 자급자족하면서, 욕심부리지 않고 서로 협동하고 도우며 살아왔지.

사람들은 스트레스받을 일 없이 마음의 평온을 누렸어. 경쟁이라는 것 자체가 없었기에 다들 느긋하고 온화하게 살 수 있었지. 노인들은 어르신으로 존경받고, 아이들은 누구의 자식이든 상관없이 모든 사람들한테서 조건 없는 사랑과 보살핌을 받았어.

이곳에서 가장 심한 욕설이 뭔지 아니? 바로 '화를 잘 내는 사람'이란 말이야. 일하면서도 늘 즐거운 마음으로 노래를 부르고 미소 띤 얼굴로 사람을 대하는 게 몸에 밴 곳이라 그런 거지.

그런데 1970년대 중반부터 인도 정부가 이곳을 개발하고 외부에 개방하기로 결정하면서 모든 게 바뀌었어. 도로가 뚫리고, 전기가 들어오고, 서구식 공장과 학교, 의료 시설이 들어서고, 외부의 관광객들이 대거 몰려오기 시작한 거야.

이렇게 되면서 라다크 사람들의 생활은 물질적으로는 편리해졌어. 서양 문화의 바람이 밀어닥치면서 돈도 함께 들어왔고 그 돈으로 여러 가지 물건과 상품들을 자꾸 사들이게 되었기 때문이지.

하지만 대신에 라다크 사람들은 많은 것을 잃어버리게 되었어. 먼저 오랜 세월 필요한 것들을 마을에서 해결하던 자급자족 경제생활이 무너졌어. 음식, 옷, 집을 비롯해 거의 모든 것을 스스로 만들 줄 알았던 사람들이 이제는 외부에서 들여온 상품에 의존하게 된 거야. 그러다 보니 무슨 일이든 돈이 필요하게 되었지.

그래서 어떻게든 돈을 벌지 않으면 안 되게 되었고, 그 결과 자연 속에서 여유롭게 살던 사람들이 마치 뭔가에 쫓기는 것처럼 갑자기 바빠졌어. 이전엔 돈이 없어도 아무런 불편 없이 잘 살았는데 말이야. 그 과정에서 '자연의 아들딸'이었던 사람들이 날씨의 작은 변화나 별의 움직임을 알아보던 예민한 감각 또한 잃어버리게 되었어.

사람들이 하는 말도 달라졌어. 예전엔 자급자족하면서 아쉬울 게 없었는데 이제는 "우리는 가난하기 때문에 개발을 해야 돼요."라고 말하게 된 거야. 순박했던 청년들도 이제는 선글라스와 청바지 차림에 더듬거리는 영어로 "우리에게 돈을 안겨 주는 관광객들이 최고예요."라고 말하게 되었고.

더욱 안타까운 일은 라다크의 아이들이 자신들의 문화와 전통에 대한 자부심을 잃어버리게 된 거야.

또한 실업이라는 개념 자체가 없던 곳이었는데 이제는 정부가 주는 아주 적은 일자리를 차지하려고 서로 치열한 경쟁을 벌이고 있지. 이러니 대가족이 없어지고, 끈끈한 정과 인심이 사라지고, 빈부 격차와 환경 오염이 크게 늘어나게 된 것은 당연한 결과겠지.

얼핏 생각하면 학교나 공장, 병원 등이 들어오면 좋은 게 아니냐고 생각하는 사람도 있을 거야. 사실 이런 생각은 자연스럽다고 할 수 있지. 이런 시설을 통해 많은 사람이 혜택과 편의를 누릴 수 있으니까 말이야.

하지만 조금 더 깊이 생각해 볼 문제가 있어. 그러는 과정에서 서구의 문화와 사회 제도, 경제와 생활 방식 등에 길들여지고 지배당하며 끌려가게 된다는 거야. 그 결과가 방금 말한 라다크의 변화된 현실이지.

그 핵심은 아마도 이런 게 아닐까 싶어. 예전에 라다크 사람들은 자급자족하는 생활을 했고, 마을 공동체 속에서 자연과 이웃과 더불어 서로 베풀고 나누며 살았어. '가난'이나 '경쟁'이라는 개념 자체가 없었지.

하지만 서구화 이후엔 주로 외부 관광객들이 뿌리고 가는 '돈'에 의존하는 생활, 이웃과 친구가 경쟁이나 질투의 대상이 되는 생활, 자신들의 뿌리인 전통과 문화를 업신여기고 부끄러워하는 생활에 빠지게 되었어.

외부의 뭔가에 기대고, 다른 사람과 자신을 비교하면서 자꾸 조급해하고, 남들보다 앞서려고 경쟁해야 하는 생활을 하게 된 거지.

학교만 해도 그래. 서구식 학교가 없어도 예전 라다크에서는 가족은 물론 마을의 어른들과 이웃을 통해 아이들에게 필요한 교육이 잘 이루어졌어.

병원도 마찬가지야. 첨단 장비를 갖춘 현대식 병원이 없어도 예전 라다크에서는 전통적으로 내려오는 다양한 치료 기술과 자연에서 얻는 약재로 많은 병을 스스로 고칠 수 있었거든.

산업화를 이루고 서구식 문명을 받아들이는 것 자체가 나쁜 건 아니야. 나름대로 장점과 배울 점이 있어. 특히 요즘 같은 세상에 현대 문명을 거부하자거나 다시 과거로 돌아가자는 식으로 말하는 것은 한마디로 현실에 맞지 않는 얘기일 거야.

하지만 그렇다 하더라도 라다크 사례를 보면서 기억할 건 이런 게 아닐까 싶어. 서구식 생활을 하지만 우리가 잃어버리거나 잊어버리지 말아야 할 것들이 있다는 것, 그리고 그것들을 간직하는 것이 중요하다는 것 말이야.

휴대 전화를 먹고살 순 없다

옥수수를 맨 처음 재배한 나라가 어딘지 아니? 중앙아메리카의 멕시코야. 옥수숫가루를 주원료로 해서 만든 토르티야라는 빵은 멕시코 사람들의 주식이기도 하지. 이처럼 옥수수의 고향이자 옥수수를 많이 재배하던 멕시코가 지금은 옥수수를 미국에서 무더기로 수입하고, 식품의 40퍼센트를 외국에서 수입하고 있어.

아시아에서는 필리핀 얘기를 해 볼까? 1980년대 중반까지만 해도 필리핀은 쌀을 자급할 뿐만 아니라 수출까지 하던 아주 모범적인 쌀 생산국이었어. 그런데 지금은 세계에서 쌀을 가장 많이 수입하는 나라로 전락했어. 심지어 가난한 지역에서는 쌀이 안전하게 배급되도록 군대까지 동원한 일도 있었지.

이런 황당한 일이 벌어진 이유는 뭘까? 두 나라 모두 농산물 수입을 자유롭게 하는 바람에 외국의 값싼 농산물이 쏟아져 들어왔고, 정부가 농업을 지원하는 정책과 예산을 크게 줄여 버렸어. 그 결과 두 나라 모두 농업의 기

유전자 조작 식품이 식량 부족을 해결할 수 있을까?

요즘 어떤 사람들은 유전자 조작 식품(GMO, Genetically Modified Organism)이 식량 부족을 해결할 수 있다고 주장하고 있다. 하지만 과연 그럴까?

GMO란, 생명 공학 기술로 유전자를 조작해 만들어 낸 농산물이나 축산물로 가공한 식품을 말한다. 주로 제초제를 뿌려도 죽지 않거나 벌레가 먹지 않는 성질을 가진 콩이나 옥수수를 만든다. 식물이 자라는 속도를 빠르게 하거나 열매가 많이 열리게 할 수도 있다.

문제는 GMO가 안전하다는 보장이 전혀 없다는 것이다. GMO를 개발해 엄청난 돈을 벌어들이고 있는 몬산토라는 거대 기업의 영국 지부에서 이런 일이 있었다. 여기서 일하는 직원들이 구내식당 이용을 거부한 것이다. 자기 회사의 GMO로 만든 음식을 먹을 수 없다는 것이 이유였다. 결국 회사는 GMO가 들어가지 않은 별도의 메뉴를 마련해 줄 수밖에 없었다. 이것이 뜻하는 게 뭘까? GMO를 개발한 당사자들마저도 GMO의 안전성을 믿지 못한다는 것이다.

GMO는 또 환경에도 큰 피해를 줄 수 있다. GMO는 자신과 유전자가 비슷한 야생종에게 유전자를 옮기기 쉽다. 이를테면 제초제를 뿌려도 죽지 않는 GMO 콩의 유전자는 야생 콩을 거쳐 잡초로 옮겨갈 가능성이 높다. 그렇게 되면 그 잡초는 제초제로는 없앨 수 없는 '무서운' 잡초가 되는 것이다. 이처럼 본래 자연 상태에서는 없던 새로운 생물 종이 나타나 퍼지게 되면 자연 생태계에는 큰 혼란과 피해가 발생할 수밖에 없다.

또한 GMO를 통해 이익을 얻는 것은 대다수의 일반 농민이 아니라 극소수의 거대 기업뿐이다. 오히려 일반 농민들은 GMO 탓에 종자 선택권을 잃어버리게 된다. 이러한 숱한 문제점들 때문에 GMO는 식량 부족을 해결할 대안이 될 수 없다는 의견이 많다.

반이 무너져 버린 거야.

그렇다면 우리의 경우는 어떨까? 우리나라도 위험한 처지에 있는 건 크게 다르지 않아. 우리나라의 식량 자급률도 27퍼센트 정도로 매우 낮거든. 식량 자급률이란, 전체 식량 소비량 가운데 국내에서 생산된 식량이 얼마나 되는지를 가리키는 말인데, 그게 27퍼센트라면 다른 나라와 비교해 볼 때 엄청나게 낮은 수준이야. 그나마 우리의 주식인 쌀을 포함시키니까 27퍼센트라도 되지, 쌀을 뺀 식량 자급률은 5퍼센트도 안 돼. 특히 밀, 옥수수, 콩 등은 거의 대부분을 수입하고 있어.

그래서 지금 우리나라는 세계적으로도 식량을 많이 수입하는 나라가 되었어. 세계적으로 농작물 생산이나 무역에 문제가 생기면 곧바로 커다란 영향을 받을 수밖에 없는 거지.

밥을 안 먹고 살 수는 없는 노릇이니 식량 자급률을 높이는 것은 실로 우리의 생존을 좌우하는 중요한 문제야. 우리가 아무리 돈을 많이 가지고 있다 해도 외국에서 자기들 사정에 따라 식량을 수출하지 않으면 우리는 어떻게 되겠니?

실제로 최근에 세계 곳곳에서 흉년이 들고 식량 가격이 엄청나게 올랐을 때 식량 수출을 중단한 나라들이 있었어. 몇몇 나라는 식량이 모자라 폭동이 일어나기도 했었지. 우리나라의 주요 수출품이 휴대 전화, 자동차, 반도체 같은 것들이라지만, 밥 대신 이것들을 먹고살 수는 없잖아?

'농자천하지대본農者天下之大本'이라는 말을 들어 봤니? 옛날부터 전해 내려오는 말인데, '농업은 천하 모든 사람의 가장 커다란 근본'이라는 말이지. 농업은 세상의 바탕이자 사람이 살아가는 데 있어서 가장 중요한 뿌리라고 할 수 있어. 많은 선진국의 식량 자급률이 100퍼센트를 넘어서는 이유도, 다시 말해 자기들이 충분히 먹고도 남을 만큼 식량을 넉넉히 생산하는 이유도, 이들 나라가 일찍부터 농업의 소중함을 깨달아 농업을 알뜰살뜰 보호하고 키워 왔기 때문이야.

이를 위해서는 최대한 자기 고장에서 제철에 난 먹을거리, 기업이 대규모로 생산해서 판매하는 먹을거리보다는 일반 농부들이 소규모로 생산한 먹을거리, 몸에 해로운 농약과 화학 비료 등을 사용하지 않는 유기농 먹을거리를 먹는 게 중요해.

나와 우리 가족이 먹고 살아야 할 음식이 남의 손아귀에 쥐어져 있다면 얼마나 불안하겠니? 다른 건 몰라도 우리가 먹는 음식만큼은 남한테 의존하지 않고 우리 자신의 힘으로 자급해야 하지 않겠니?

석유에 중독된 지구, 만일 석유가 없어진다면?

만약에 전기가 끊긴다면 어떻게 될까? 아파트의 엘리베이터가 멈춰 버리고, 컴퓨터, 텔레비전, 전화기 등은 모두 아무짝에도 쓸모없는 고철로 바뀌겠지. 냉장고를 쓸 수 없으니 음식들은 다 상해 버릴 것이고, 지하철과 같

은 교통수단이 마비될 테니 사람들 발도 묶여 버리겠지. 밤이 되면 온 세상이 깜깜한 어둠으로 뒤덮여 공포와 불안의 도가니에 빠질 것이고.

운 나쁘게도 한여름이나 한겨울이라면 어떨까? 불볕더위에도 에어컨이나 선풍기를 틀 수 없고, 칼바람이 휘몰아치는 매서운 추위에도 난방을 할 수 없다면?

실제로 세계에서 가장 부자 나라라는 미국의 뉴욕이나 캘리포니아주 같은 데서도 전기가 끊기는 정전 사태가 일어난 적이 있단다. 도시 전체가 완전히 혼란에 빠져 모든 게 엉망진창이 되었고, 특히 밤에는 어둠을 틈타 사람들이 아무 가게나 들어가 물건들을 도둑질해 가는 소동이 벌어졌지.

이처럼 에너지가 없는 세상은 상상할 수조차 없어. 그런데 이 소중한 에너지를 얻을 수 있는 자원들이 지금 얼마 남지 않았단다.

우리가 쓰는 에너지는 대부분 석유, 천연가스, 석탄, 우라늄에서 나와. 그런데 우리가 지금처럼 에너지를 쓰면 석유는 40년, 천연가스는 60년, 우라늄은 50년 정도 지나면 고갈될 거라는 전망이 많아. 석탄은 200년 정도 쓸 게 남아 있다고 하는데, 편리하게 쓰기 힘들고 오염 물질을 너무 많이 내놓는다는 게 큰 문제지.

물론 이 수치들은 정확한 건 아니고, 지구 여기저기에 깊이 묻혀 있는 이런 자원들을 앞으로 새롭게 찾아낼 수도 있을 거야. 하지만 어쨌든 이 지구상에 우리가 쓸 수 있는 에너지 자원이 한정돼 있다는 건 너무나도 명백한 사실이지.

이 중에서도 가장 문제가 되는 건 석유야. 석유는 우리한테 가장 많은 에너지를 공급해 줄 뿐만 아니라 플라스틱, 페인트, 의약품, 옷 등과 같은 수많은 물건을 만드는 데에도 반드시 필요해. 한마디로 석유 없는 현대 생활은 아예 생각도 할 수 없지. 그래서 지금의 문명을 '석유 문명'이라 부르기도 해.

그런데 석유 생산이 최고점에 이르렀다가 어느 시점을 지나면 줄어드는 것을 '석유 정점'*영어로는 '피크 오일(Peak Oil)'이라 한다*이라 하는데, 이 석유 정점이 머지않아 닥친다는 게 많은 전문가의 견해야.

이처럼 석유가 갈수록 귀해지니까 석유를 더 많이 확보하느라 나라들 간에 갈등과 분쟁이 벌어지는 건 당연한 일 아니겠니? 대표적인 게 2003년에 미국이 일으킨 이라크 전쟁이야. 이라크 전쟁이 일어난 이유는 물론 여러 가지야. 미국은 이라크가 핵무기나 생화학 무기를 뜻하는 대량 살상 무기를 개발했기 때문에 그것을 없애야 하고, 또 과격한 이슬람 테러 세력의 위협을 제거하려고 전쟁을 일으켰다고 주장했어.

하지만 이라크가 대량 살상 무기를 가지고 있다는 미국의 주장은 거짓이라는 게 나중에 들통났지. 무엇보다 석유를 세계에서 가장 많이 소비하는 미국이 석유가 세계에서 두 번째로 많이 묻혀 있는 이라크를 자신의 영향력 밑에 두려고 전쟁을 일으켰다고 지적하는 사람이 많아.

그러니 평화를 위해서라도 석유 문명은 바뀔 필요가 있어. 실제로 19세기 이래 세계 인구는 여섯 배 늘어난 데 반해 에너지 소비는 무려 80배나 늘었어. 엄청나지? 한정된 자원을 이처럼 흥청망청 쓴 결과 이제 마침내 그 한계에 이르고 있는 거야.

특히 세계 인구의 20퍼센트도 안 되는 선진국 사람들이 세계 전체 에너지의 80퍼센트를 쓰고 있다는 게 큰 문제지. 석유 한 방울 나지 않는 우리나라도 에너지를 지나치게 많이 쓰는 나라로 손꼽히고 있고.

그래서 에너지를 아껴 써야 함은 물론이고 태양열과 태양빛, 풍력 등과 같은 것에서 에너지를 얻는 쪽으로 에너지 시스템을 바꾸어 나가는 게 중요해. 태양은 없어지는 게 아니잖아? 풍력 또한 지구상에 바람이 부는 한 끝없이 이용할 수 있고.

석유와 같은 화석 연료처럼 다 써서 없어질 염려도 없고, 이산화탄소를 배출하지 않아 지구 온난화를 일으키지도 않는 이런 태양이나 바람 같은 에너지를 재생 가능 에너지라고 해. 아무리 써도 끊임없이 다시 생겨나기 때문에 붙은 이름이지.

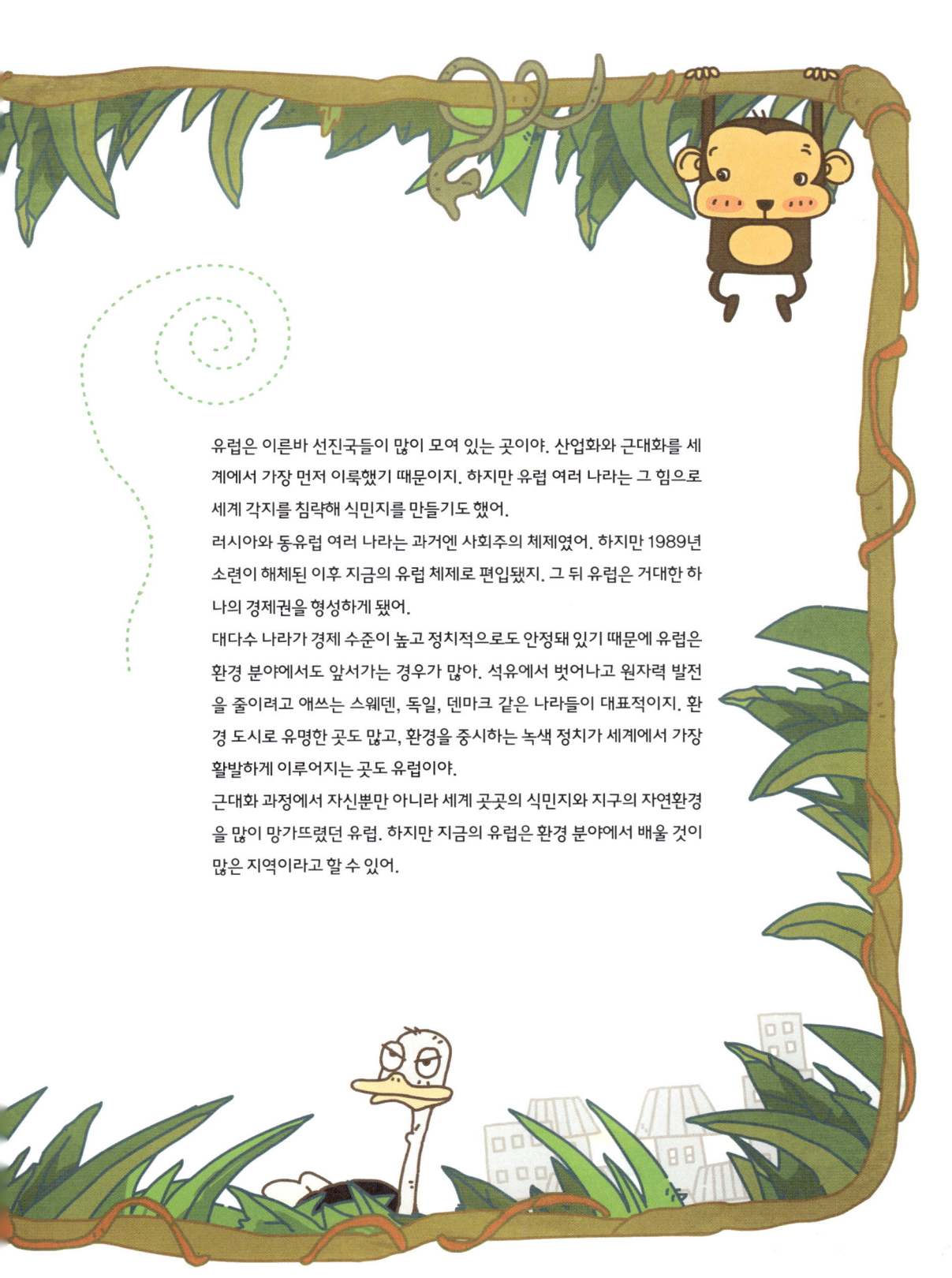

유럽은 이른바 선진국들이 많이 모여 있는 곳이야. 산업화와 근대화를 세계에서 가장 먼저 이룩했기 때문이지. 하지만 유럽 여러 나라는 그 힘으로 세계 각지를 침략해 식민지를 만들기도 했어.

러시아와 동유럽 여러 나라는 과거엔 사회주의 체제였어. 하지만 1989년 소련이 해체된 이후 지금의 유럽 체제로 편입됐지. 그 뒤 유럽은 거대한 하나의 경제권을 형성하게 됐어.

대다수 나라가 경제 수준이 높고 정치적으로도 안정돼 있기 때문에 유럽은 환경 분야에서도 앞서가는 경우가 많아. 석유에서 벗어나고 원자력 발전을 줄이려고 애쓰는 스웨덴, 독일, 덴마크 같은 나라들이 대표적이지. 환경 도시로 유명한 곳도 많고, 환경을 중시하는 녹색 정치가 세계에서 가장 활발하게 이루어지는 곳도 유럽이야.

근대화 과정에서 자신뿐만 아니라 세계 곳곳의 식민지와 지구의 자연환경을 많이 망가뜨렸던 유럽. 하지만 지금의 유럽은 환경 분야에서 배울 것이 많은 지역이라고 할 수 있어.

 1만 2천 명이 죽은 런던 스모그 사건

　1952년 12월 4일 영국 런던. 짙은 안개가 잔뜩 깔린 도시엔 바람도 없었어. 두꺼운 구름과 안개가 햇빛을 가리면서 기온도 뚝 떨어졌지. 추운 날씨에다 한낮에도 눈앞을 분간하기 힘들 정도로 공기가 탁했으며, 습도도 80퍼센트가 넘었어.

　시야가 얼마나 흐렸던지 평소에 늘 다니던 길인데도 곳곳에서 사람들이 방향 감각을 잃기도 했어. 열차와 자동차가 충돌하기도 하고, 런던을 가로질러 흐르는 템스강에서는 지나가던 배가 정박하고 있던 배를 들이받기도 했지. 도시 전체가 스모그로 뒤덮여 버린 거야. 스모그smog는 매연smoke과 안개fog가 합쳐진 말이야.

　당시 영국의 가정이나 공장에서 주로 사용하던 연료는 석탄이었어. 산업혁명이 시작된 나라인 영국은 본디 석탄이 많이 나는 곳이야. 그래서 집집마다 공장마다 그 많은 석탄을 태운 매연이 굴뚝으로 뿜어져 나온 거야. 거기다 때마침 바람도 불지 않았고, 이른바 기온 역전 현상이란 게 나타나 연기가 대기 중으로 널리 퍼지지 못하고 땅 표면 가까이에 머물렀어.

　본래 더운 공기는 가볍고 찬 공기는 무겁단다. 그래서 땅 표면 근처에 더운 공기가 있으면 찬 공기와 자리를 바꾸면서 공기가 뒤섞이게 돼. 오염 물질이 있다면 이 과정에서 자연스럽게 흩어지게 되겠지. 그런데 당시 런던에서는 정반대 현상이 나타났어. 무겁고 찬 공기가 땅 표면에 머물러 있으면서 공기가 꼼짝도 하지 않은 거야. 이게 바로 기온 역전 현상이란다.

이런 상태에서 가정과 공장 등에서 마구 뿜어져 나온 연기가 짙은 안개와 합쳐져 스모그가 만들어진 거지. 그런데 매연 속에 있는 아황산가스라는 아주 해로운 물질이 황산으로 변하면서 런던 시민들의 호흡기에 치명타를 가했어. 그래서 병원마다 호흡기 장애를 호소하는 환자들로 넘쳐났지. 특히 어린이와 노약자들을 중심으로 사망자가 숱하게 생겨났어. 무엇보다 기관지염, 폐렴과 같은 호흡기 질환이나 심장병을 앓던 환자들이 제일 먼저 희생됐지.

스모그가 발생한 지 불과 2~3주일 만에 사망자가 4천 명이 넘었고 그다음 해 2월까지 모두 1만 2천 명이 목숨을 잃었으니, 진짜 엄청난 사건이지? 당시 런던에서는 사람이 죽었을 때 사용하는 장례용 관과 꽃이 동나서 구하기가 힘들 정도였대.

결국 사상 최악의 대기 오염 사고로 당시에 세계 상업과 문화의 중심지로 이름을 날리던 런던은 순식간에 재앙의 도시로 변하고 말았어.

이런 대형 참사에 깜짝 놀란 영국 정부는 부랴부랴 대책을 마련하기 시작했어. 1956년에 만들어진 '청정 대기법'이 그 대표적인 성과지.

이 법에 따라 공장과 가정은 검은 연기를 내지 않는 연료로 바꾸어 쓰고 공장도 대기 오염의 우려가 적은 곳으로 이전하는 등 변화가 일어났어. 무엇보다 이 사건은 세계 모든 나라에 대기 오염이 얼마나 무서운 것인지를 생생하게 일깨운 대표적인 환경 재난으로 기록되고 있단다.

같은 대기 오염 사건으로 악명이 높지만 내용이나 성격이 약간 다른 것

으로 미국 로스앤젤레스L.A 스모그 사건이란 게 있어. 이에 대해서는 뒤의 북아메리카 편에서 자세히 얘기해 줄게.

뮌헨 시민들의 자랑거리, 이자르 강

　개발이 좋을까, 보존이 좋을까? 만일 강이라면 어떨까? 강에 댐과 제방을 쌓고 강바닥을 파내고 물길을 직선처럼 만드는 것이 좋을까, 아니면 최대한 자연의 본디 모습 그대로 살려 두는 것이 좋을까? 이 문제는 어느 한쪽만이 절대적으로 옳다고 말할 수 없는 것이지만, 그래도 선진국의 경험을 들여다보면 어느 정도 힌트는 얻을 수 있단다.

　독일 중남부의 큰 도시인 뮌헨에는 이자르강이 흐르고 있어. 이 강은 뮌헨을 통과해 도나우강영어로는 다뉴브강이라고 함이라는 거대한 강으로 흘러들어가는 총 길이 289킬로미터의 하천이야.

　100여 년 전인 20세기 초에 독일은 당시 갈수록 커지는 홍수 피해를 막으려고 여러 강을 직선 수로로 만들고 강바닥을 파내고 강변에는 인공 제방돌이나 콘크리트 등으로 쌓은 둑을 쌓는 공사를 대대적으로 벌였어. 이자르강도 마찬가지였지. 처음엔 효과가 괜찮았어. 홍수도 어느 정도 막아 주고, 농사지을 땅도 늘어나고, 가두어 놓은 물을 이용해 수력 발전소도 세울 수 있었거든.

　그런데 세월이 흐르면서 여러 가지 문제가 나타나기 시작했어. 강의 수

질이 나빠지고, 지하수가 마르고, 홍수 피해가 이전보다 더 커진 거야. 나무가 뿌리를 내려도 지하수에 이르지 못해 강 주변의 숲이 죽어 갔고, 물의 양과 질이 다 떨어지니 농사짓는 일도 갈수록 어려워졌지.

강물이 굽이굽이 돌며 주변의 낮은 지대로 물이 넘쳐흘러야 홍수의 위력이 줄어드는 법인데, 인공으로 만든 직선 수로는 그런 역할을 할 수 없어 홍수 피해가 자주 일어났지.

결국 콘크리트 제방을 쌓고 강바닥을 파내는 것과 같은 인공적인 개발로 물길을 가둔 것이 문제였다는 걸 사람들이 깨닫게 되었어. 그래서 뮌헨에서는 1989년부터 제방을 뜯어내고 직선 수로를 본디 자연 형태로 되돌리는

'이자르강 자연 복원 사업'을 벌이기 시작했어. 이에 따라 강의 전체 구간 중 도시를 지나는 8킬로미터 구간을 최대한 자연 상태로 다시 만드는 일을 시작을 했어. 사전 조사와 준비 작업에만 10년, 실제 사업을 진행하는 데에도 10년이 걸렸지. 이는 그만큼 긴 안목으로 세심하고 정성스럽게 이 일을 했다는 얘기야.

    결과는 어땠을까? 한마디로 대성공이었어. 홍수도 훨씬 더 잘 막아내게 되었고, 개발로 사라졌던 모래밭과 여울과 숲이 다시 생기면서 아름다운 자연이 되살아난 거야. 뮌헨 시민들이 자랑스러워하며 즐겨 찾는, 아름답고 멋진 시민들의 휴식처로 재탄생한 거지. 지금은 이자르강의 성공 사례를 배우려고 미국과 러시아를 비롯해 세계 여러 나라에서 답사단을 파견하고 있단다.

이런 일은 독일만이 아니라 유럽, 나아가 세계 전역에서 벌어지고 있어. 개발 중심의 인공적인 하천 개조 시대는 끝나고, 대신에 자연 그대로의 하천으로 되돌리는 생태 복원 사업이 홍수를 막고 수질을 개선하는 데에도 훨씬 큰 도움이 된다는 걸 모두가 알게 된 거야.

그 결과 요즘은 개발을 위해 인간이 빼앗고 변형시키고 파손한 자연을 그 자연의 원래 주인인 강에게 돌려주는 것이 새로운 흐름이 되고 있어.

지구는 살아 있는 생명체다

고대 그리스 신화를 보면 '가이아Gaia'란 신이 나와. 지구와 모든 생물을 보살펴 주는 자비로운 대지의 여신이지. 그런데 이 가이아란 말은 환경 문제를 얘기할 때도 자주 등장해. 영국의 과학자인 제임스 러브록이 1978년에 이 여신의 이름에서 따온 '가이아 이론'을 발표한 이후부터 생긴 일이지.

가이아 이론은 알고 보면 간단해. 한마디로 지구란, 죽어 있는 물질 덩어리가 아니라 살아 있는 생명체라는 거야. 살아 있는 생명체로서의 지구를 가이아라고 부르는 거지. 그리고 이 가이아에는 생물뿐만 아니라 지구를 구성하는 땅, 바다, 공기 등도 모두 포함된다는 게 러브록의 주장이야.

결국 가이아 지구란, 생물과 생물 아닌 것들이 서로 떼려야 뗄 수 없는 관계로 엮여 있고 그 속에서 서로가 긴밀하게 영향을 주고받는 하나의 거대한 생명체라는 거지. 그래서 여기서 생물은 단순히 주변 환경에 적응하면서 생존을 이어가기만 하는 수동적인 존재가 아니야. 오히려 스스로 지구의 환경을 변화시키고 조절해 가는 능동적인 존재라는 거지.

발표 당시만 해도 이런 주장은 과학계에서는 아주 낯선 것이었기 때문에 비난을 받기도 했어. 인간과 같은 지능이 없는 동식물들이 어떻게 지구를 운영하고 지구를 위한 계획을 세울 수 있느냐고 말이야.

이에 대해 러브록은 이렇게 말해. "그 오랜 세월 동안 지구를 일정한 상태로 유지시켜 온 거대한 자연 조절 시스템을 보라, 또 생물과 생물 아닌 것들이 전 지구적으로 협력하면서 조화를 이루고 있는 것을 보라, 그러면 지구 자체가 살아 있는 생명체라는 걸 알 수 있지 않느냐."고 말이야.

가이아 이론이 큰 주목을 받은 일차적인 이유는 이것이 과거와는 아주 다른 새로운 생각을 제시했기 때문이야. 하지만 더 중요한 이유가 있어.

지구를 살아 있는 생명체로 여기면 지구를 함부로 대하기가 어려워지지

않겠니? 또 지구를 죽은 물질로 보느냐 아니면 살아 움직이는 생명으로 보느냐에 따라 지구가 안고 있는 문제의 해결책도 크게 달라지지 않겠니? 바로 이런 점들이 지구 환경이 갈수록 망가지고 있는 요즘 현실에서 커다란 호소력과 설득력을 발휘한 거야. 그래서 오늘날 '가이아'는 지구 사랑과 자연보전을 상징하는 말로도 종종 쓰이고 있어.

 ## 작은 것이 아름답다

큰 것이 아름다울까, 작은 것이 아름다울까?

빠른 것이 좋을까, 느린 것이 좋을까?

사실 이런 물음은 어리석기 짝이 없는 질문이지. 어느 한쪽만이 일방적으로 아름답다거나 좋다고 하는 것 자체가 말도 안 되는 소리니까 말이야.

큰 것이 아름다울 때도 있는 반면 작은 것이 아름다울 때도 있는 것이고, 마찬가지로 빠른 게 좋은 경우도 있는 반면 느린 게 좋은 경우도 있는 거지. 두 가지가 적절하게 어우러져서 조화와 균형을 이룰 때가 가장 아름답고 좋을 수도 있을 터이고.

그런데 이렇게도 생각해 보면 어떨까?

너 나 할 것 없이 세상 전체가 큰 것과 빠른 것만을 좋은 것으로 여긴다면, 그래서 사람들이 큰 것과 빠른 것에만 지나치게 집착하고 열광한다면,

한번쯤은 멈추어 서서 작은 것과 느린 것의 소중함도 되새겨 보는 게 필요하지 않을까? 나아가 큰 것과 빠른 것만이 이 세상을 지배하고 호령하다가 그 때문에 세상이 커다란 위험에 빠졌다면, 이젠 작은 것과 느린 것을 보다 적극적으로 되살려야 하지 않을까?

《작은 것이 아름답다》는 독일 태생의 영국 경제학자이자 환경 운동가인 E. F. 슈마허가 1973년에 펴낸 책 제목이야. 경제는 무조건 크고 빠르게 성장해야 한다는 기존의 경제학을 정면으로 비판한 책이지. 동시에 작고 느린 것의 중요성을 강조하면서 돈이 아닌 사람을 중심으로 하는 새로운 경제를 건설해야 한다고 주장하는 책이기도 해.

이런 논의에 따르면, 경제 규모는 크다고만 해서 좋은 게 절대 아니야. 오히려 경제 규모는 사람이 자신의 행복을 위해 스스로 조절하고 통제할 수 있을 정도로 적당하게 작은 게 좋아. 그리고 이럴 때 비로소 쾌적한 자연환경과 사람의 행복이 공존할 수 있다는 거야.

기술도 그래. 에너지와 자원을 지나치게 낭비하고 돈벌이를 위해 무조건 최첨단으로 치닫는 거대한 기술만이 훌륭한 걸까? 그보다는 재생 가능한 에너지와 지역의 작은 에너지를 사용하고, 기계가 아닌 사람이 물건을 만드는 주인공이 되는 기술이 더 소중하지 않을까? 슈마허는 바로 이런 기술의 중요성을 강조했어.

또 슈마허는 경제 성장이 물질적인 풍요를 약속한다고 해도, 환경 파괴와 인간성 파괴라는 문제를 낳는다면 미래는 결코 우리를 행복으로 인도하지 못할 것이라고 주장했어.

"작은 것은 아름다운 것이다. 작은 것은 자유롭고 창조적이며 편하고 즐거운 것이다. 거대함만을 추구하는 것은 자기 파괴로 치닫는 행위다. 지금의 경제학이 해야 할 일은 거대한 경제 성장이 아니라 인간성을 회복하는 것이다."라고도 주장했지.

사실 최근의 인류 역사는 오로지 경제 성장과 물질적인 풍요를 최고 목표로 하고, 경쟁에서 이기는 것만이 최선이라고 생각하면서 앞만 보고 달려온 과정이라고 할 수 있어. 그런데 안타깝게도 이 과정에서 우리의 영원한 생존의 토대인 자연이 무참하게 파괴되고 말았어.

또 사람이 살아가는 데 없어서는 안 될 우정과 협동, 상대방에 대한 배려와 존중, 다양한 문화와 전통, 공동체 정신 등과 같은 인간적인 가치들이 크게 훼손되었지.

그래서 '작은 것이 아름답다.'는 주장은 더 빠른 성장과 더 커다란 경제를 떠받들고 있는 현대인의 환상을 깨뜨리는 소중한 목소리라고 할 수 있단다.

경제 성장은 끝없이 계속될 수 없다!

1968년 이탈리아 로마에서 처음 만들어진 '로마 클럽'이라는 단체가 있어. 세계 각국의 지식인들이 과학 기술의 진보와 이에 따른 인류의 위기를 분석하고 대책을 세우려고 모인 단체지. 로마 클럽 사람들은 경제 성장은 끝없이 계속될 수 없고 한계가 있다고 주장했어. 이들이 1972년에 펴낸 《성장의 한계》라는 책은 당시 세계적인 베스트셀러가 되기도 했지.

이들은 인구 증가, 공업화, 환경 오염, 식량 문제, 자원 고갈 등과 같은 여러 가지 이유로 향후 100년 안에 경제 성장이 한계에 부딪힐 것이라고 전망했어. 이런 주장은 당시로써는 아주 충격적인 것이었지.

당시만 해도 세계 경제가 눈부신 성장을 계속했기 때문에 사람들은 경제 성장이 안겨 주는 달콤함에 취해 있었거든. 그래서 끝없는 경제 성장에 대해 별다른 의심을 하지 않았지.

요즘은 경제 성장이 한계가 있다는 데서 더 나아가 무조건 좋기만 한 것도 아니라는 생각이 서서히 퍼지고 있어. 경제 성장만 잘한다고 해서 사람들이 행복한 건 아니라는 거지.

이를 잘 보여 주는 게 히말라야산맥 깊숙한 곳에 있는 부탄이라는 작은 나라야. 부탄은 '가난하지만 행복한 나라'로 알려져 있어.

대부분의 나라가 경제 성장이나 물질의 풍요를 최고의 목표로 삼지만 부탄은 그렇지 않아. 정신적인 행복감과 마음의 편안함, 건강, 자연 보호 같은 것을 경제 성장보다 더 중요하게 여기는 나라지. 그래서 부탄은 미국, 독일, 영국과 같은 유명한 선진국들을 제치고 세계에서 가장 행복한 나라 10위 안에 들어.

이런 걸 보면 경제 성장을 무조건 떠받들기보다는 좀 다른 생각을 해 보는 것도 필요할 것 같아. 예를 하나 들어 볼까?

사람들이 일을 더 많이 하면 할수록 당연히 상품의 생산량이 늘고 경제는 성장할 거야. 하지만 대신에 편히 쉬지 못한다면? 가족이나 친구들과 즐겁게 보내는 시간이 없어진다면? 여가나 취미도 제대로 즐기지 못한다면? 몸이 너무 힘들어 병까지 걸린다면? 이렇게 된다면 오히려 실제 행복 수준은 낮아지지 않을까?

자동차는 어떨까? 자동차가 많아지면 당연히 그만큼 경제가 성장한 거겠지? 하지만 대신에 자동차가 내뿜는 배기가스로 환경 오염이 심해지고, 수많은 사람이 길이 막혀서 시간과 돈을 낭비하고, 또 교통사고로 죽거나 다치는 사람도 엄청 많잖아? 그러니 자동차가 많아지는 게 꼭 좋기만 한 걸까?

이런 예들은 한두 가지가 아니야. 전쟁이 벌어지고 환경 사고가 터지고 무기를 만들고 교도소를 건설해도 경제는 성장하게 돼 있어. 이런 활동들이 돈과 일을 만들어 내기 때문이지.

근데 좀 웃기지? 사람이 죽고 자연이 파괴되고 범죄자가 많아지는 것이 경제 성장이라고 하니 말이야.

경제 성장 자체를 덮어놓고 나쁘다고 할 수는 없어. 극심한 가난으로 고통을 겪는 나라나 사람들은 생활의 안정을 위해 경제 발전이 필요하지. 하지만 석유와 같은 에너지와 자원이 고갈되는 것에서 알 수 있듯이 끝없는 경제 성장은 근본적으로 불가능하다는 것을 인정할 수밖에 없어.

　사실 자연 파괴와 환경 오염도 그 뿌리를 더듬어 보면 경제를 끝도 없이 키우려고만 하니까 발생하는 문제야. 그래서 이제는 경제 성장이 무조건 좋고 바람직한 것이라는 생각은 좀 바꿀 필요가 있지 않을까 싶어.

패스트푸드 대신에 슬로푸드를

　이탈리아 북부에 브라라는 작은 도시가 있어. 인구가 2만 8천 명밖에 안 되기 때문에 사실 도시라고 부르기도 힘들지. 그런데 이 작고 소박한 곳을 수많은 세계 사람이 주목하고 또 직접 찾아올 때가 있어. 여기서 2년마다 세계 치즈 축제가 열릴 때가 바로 그때야.

　이 축제에서는 인근 지역 사람들이 전통적인 제조법에 따라 직접 손으로 만든 600여 가지의 치즈 제품이 선보여. 세계 어디에서도 구할 수 없고 구경할 수도 없는 이 맛있고 특별한 치즈를 맛보려고 축제 때마다 세계 여러 나라에서 10만이 넘는 치즈 애호가들이 몰려오는 거야.

　바로 이 '브라'가 제대로 된 맛과 음식을 통해 참된 인생의 즐거움을 찾자는 슬로푸드 운동이 시작된 곳이야. 그런 곳답게 브라에서 최고로 대접받는 음식은 호화스런 식당에서 사 먹는 값비싼 요리가 아니라 학교 급식과 병원 식사야. 브라 사람들은 이렇게 말한대.

"아이들 공부도 중요하지만, 어릴 때부터 '맛 교육'을 제대로 받아서 수백 가지 치즈 맛을 즐길 줄 아는 어른으로 컸으면 좋겠어요."

브라에서 '느린 음식'을 뜻하는 슬로푸드slow food는 '슬로 라이프느린 생활 slow life'와 '슬로 시티느린 도시slow city'로도 연결이 돼. 이곳의 점심시간은 낮 12시부터 3시까지야. 무려 3시간이나 되는 거지. 또 관공서는 물론이고 모든 가게가 6시면 문을 닫는데, 아무리 물건을 사러 오는 사람이 많아도 영업시간을 연장하는 경우는 없대. 일과 돈에 매달려 아등바등하기보다는 여유를 갖고 느긋하고 평화롭게 인생을 즐기자는 거지.

이런 브라의 모습에서 보듯 슬로푸드 운동은 단순히 햄버거와 같은 패스트푸드를 반대하는 운동만이 아니야. 공장에서 획일적이고 빠른 속도로 대량 생산된 것이 아니라 자연의 흐름과 질서에 따라 생산된 먹을거리, 제철에 가까운 지역에서 생산된 먹을거리, 화학 비료, 농약, 성장 촉진제와 같은 유해 물질을 거부하고 자연과 동물, 사람의 건강을 해치지 않는 깨끗한 방식으로 만들어진 먹을거리, 전통과 문화의 다양성을 보존하는 먹을거리 등을 소중하게 생각하지.

브라에는 몬테보레 치즈라는 게 있대. 그런데 이 치즈를 만드는 법을 알고 있는 유일한 할머니가 연세가 많아 돌아가실 위기에 처한 적이 있대. 이 소식을 들은 슬로푸드 운동 본부가 재빨리 나서서 한 일이 뭔지 아니? 바로 할머니의 후계자를 찾는 거였어.

그렇게 부랴부랴 후계자를 찾아내 이 할머니가 돌아가시기 전에 몬테보레 치즈 만드는 비법을 배우도록 한 거야. 지구상에서 영원히 사라져 버릴 뻔했던 치즈 하나를 살려낸 거지. 이런 활동을 펼치는 것이 '맛과 음식의 멸종'을 막기 위한 '맛의 방주' 프로젝트야. 이것만 봐도 슬로푸드가 꿈꾸는 바가 무엇인지 짐작할 수 있겠지? 이처럼 음식과 맛을 통해 행복과 만족을 얻고, 거기서 더 나아가 깨끗하고 정의롭고 즐거운 세상을 만들고자 하는 것이 슬로푸드 운동이야.

세계 어느 곳에서나 똑같은 패스트푸드에 질린 사람들, 안전하고 맛있는 음식을 먹고 싶은 사람들, 세계 곳곳에 존재하는 다양한 음식과 맛과 요리법을 소중하게 지켜야 한다고 생각하는 사람들, 획일적인 속도에서 벗어나 자신의 개성과 정체성을 꽃 피우고 싶은 사람들이 이런 뜻에 적극 호응하고 있지. 덕분에 지금 슬로푸드 운동은 100개가 넘는 나라의 10만 명에 가까운 사람들이 회원으로 활동하는 세계적인 시민운동으로 발전했단다.

맥도날드 가게를 몰아낸 농민 운동가, 조제 보베

본래 슬로푸드 운동은 1980년대 중반에 이탈리아 로마의 명소인 스페인 광장에 맥도날드 매장이 들어서는 것을 반대하면서 시작됐다. 그런데 프랑스에서는 조제 보베라는 농민이 맥도날드 가게를 행동으로 몰아낸 일이 있다. 1999년 8월, 당시 미국과 유럽 사이에 벌어진 무역 분쟁 중에 미국의 조치로 프랑스에서 치즈를 만드는 농민들이 큰 타격을 받게 됐다. 이에 조제 보베는 동료들과 함께 치즈는 물론 안전하고 좋은 먹을거리를 지키기 위해 몸으로 직접 농민을 보호하기로 했다.

고민 끝에 마침 당시에 자신의 고향인 프랑스 남부의 미요라는 곳에서 개업 준비 공사를 하고 있던 맥도날드 가게가 보였다. 보베는 맥도날드를 단순히 햄버거 같은 패스트푸드만 파는 곳으로 여길 수 없었다. 그가 볼 때 맥도날드는 온갖 '나쁜 먹을거리'의 상징이자, 지구촌 각지의 농업과 농민을 파괴하는 거대 기업의 횡포를 대표하는 곳이었다. 이런 신념에 따라 보베는 맥도날드 가게에 트랙터를 몰고 가 한창 진행 중이던 공사를 방해하는 시위를 벌였다. 이 시위로 결국 맥도날드는 물러나고 말았다. 이 시위가 여러 나라 언론에 크게 보도되면서 조제 보베는 순식간에 21세기의 세계적인 농민 운동가로 떠올랐다. 이렇게 된 건 수많은 세계 사람이 맥도날드와 먹을거리에 대한 그의 생각에 동의했기 때문이다. 당시 프랑스 대통령은 하루아침에 프랑스의 영웅이 된 그를 칭찬하기도 했다. 그는 식량 자립, 농민의 권리, 유전자 조작 식품 반대 등을 외치며 세계 곳곳을 누비고 있다.

 차 없는 도시를 꿈꾸다, 프라이부르크 이야기

독일 남서부에 있는 인구 20만의 작은 도시 프라이부르크는 '세계의 환경 수도'로 불릴 만큼 자연과 환경을 중시하는 도시로 유명한 곳이야. 버스, 전차와 같은 대중교통과 자전거 중심의 교통 정책을 펼치고 있는 프라이부르크는 이미 약 40년 전인 1972년부터 도시 중심부로 자동차가 들어오는 것을 금지했어. 자전거 교통이 전체 교통량의 30퍼센트에 이르고 있지.

프라이부르크에서도 가장 널리 알려진 곳이 보봉이라는 마을이야. 2천여 가구에 인구가 5,500명 정도인 이 마을의 주택가 도로에는 들어가는 길 입구마다 이런 글귀가 적힌 표지판이 설치돼 있어.

이곳엔 주차 공간이 없습니다.
걷는 속도로 차를 몰아 주세요!
걷는 사람들이 길을 모두 차지할 수도 있습니다.
길 전체가 아이들 놀이터입니다.

그러니까 특별한 일이 없는 한 자동차의 출입을 금지하는 구역인 셈이지. 또 이 마을의 집에는 아예 주차장이 없어. 대신에 집 앞뒤의 빈 공간은 모두 정원이나 텃밭으로 이용하고 있지. 차는 마을 입구에 설치된 주차장에

꽤 많은 돈을 내고 주차하게 돼 있어.

그래서 보봉에서는 인구 1천 명당 자동차 수가 85대에 불과해. 독일 전체를 보면 인구 1천 명당 자동차 수가 590대에 이르고 우리나라도 300대가 넘는 걸 보면 보봉을 '차 없는 마을'이라 불러도 그리 큰 과장은 아니지.

대신에 이 마을은 자전거가 인구 1천 명당 860대에 이르고 마을 전체 교통량의 절반을 자전거가 담당할 정도로 '자전거 천국'이야. 마을 중심부를 지나는 버스와 길 위에 설치된 전차 같은 대중 교통수단도 사람이 많이 이용하고 있고.

자동차가 없으면 많이 불편할 것 같지만, 이 마을 주민들은 만족스럽대. 무엇보다 자동차 없는 도로가 이웃 간에 훌륭한 친목 장소가 되고 아이들이 맘 놓고 뛰어노는 놀이터가 된 덕분에 서로 친하게 지내며 돕고 사는 공동체 문화가 만들어진 게 가장 기쁜 일이래.

집들도 철저히 친환경 건축이라는 원칙을 따르고 있어. 이 마을의 목표 자체가 이산화탄소를 전혀 배출하지 않는다는 뜻의 '탄소 제로 도시'거든. 이에 따라 거의 모든 전기 공급이 태양광을 통해 이루어지고 있어. 또한 집들이 햇빛을 잘 받도록 모두 남쪽을 향하고 있고, 창은 최대한 넓혔어.

또 열을 받아들이기는 하지만 잘 빠져나가지 못하도록 특수 유리를 설치하도록 하고 있어. 에너지 사용을 최소한으로 줄이려고 난방과 단열 효과를 최대한 크게 하는 거지.

주목할 것은 보봉 마을을 이렇게 만든 가장 큰 힘은 주민들 스스로의 자발적인 노력과 참여라는 사실이야. 그래서 유엔에서도 이 마을을 '시민 참여를 통한 도시 계획의 모범 사례'로 뽑기까지 했어.

　이건 보봉 마을이 속해 있는 프라이부르크도 마찬가지야. 1970년대에 이 도시 근처에 원자력 발전소가 들어서는 것을 반대하는 시민들의 운동이 성공을 거두면서 세계적인 환경 도시로 발돋움하기 시작했거든. 우리가 본받아야 할 가장 중요한 대목도 바로 이 점이 아닌가 싶어.

체르노빌 참사와 원자력 발전

　우리가 일상생활에서 늘 쓰는 전기는 어떻게 만들어질까? 전기를 생산하는 방식은 크게 화력 발전, 수력 발전, 원자력 발전, 이렇게 세 가지로 나눌 수 있단다.

화력 발전은 석탄이나 석유와 같은 화석 연료를 태워서 물을 끓일 때 나오는 증기의 힘으로 터빈을 돌려 전기를 생산하는 거야. 수력 발전은 댐에서 떨어지는 물의 힘으로 터빈을 돌려서 전기를 만드는 것이고, 원자력 발전은 우라늄이 핵분열할 때 나오는 열로 증기를 만들어 그 힘으로 터빈을 돌려 전기를 생산하는 거야.

이밖에 환경에 별다른 영향을 미치지 않는 바람, 태양, 땅속의 열, 조수 간만의 차_{밀물과 썰물 때의 물 높이의 차이를 뜻함} 등을 이용해 전기를 생산하는 방식도 있는데, 이런 방식은 아직 널리 퍼지지는 못하고 있지.

우리나라의 경우 원자력 발전이 전체 전기 생산 중에서 약 30퍼센트를 차지할 정도로 비중이 높아. 그런데 문제는 원자력 발전소에서 한번 사고가 나면 그야말로 상상을 초월하는 재앙이 닥친다는 점이야. 바로 방사능 때문이지.

방사능이 얼마나 무섭고 끔찍한 것인지는 원자 폭탄이 잘 보여 주고 있어. 원자 폭탄은 인류 역사에서 단 한 번 사용되었는데, 제2차 세계 대전이 막바지로 치닫던 1945년 8월, 미국이 일본 히로시마와 나가사키에 떨어뜨린 원자 폭탄이 바로 그거야. 순식간에 수십만 명이 사망하거나 다치고 도시 전체가 완전히 잿더미로 변해 버렸지.

원자력 발전 사고 중에서 역사상 최악이었던 것은 1986년 4월 26일에 발생한 체르노빌 대참사야. 과거에 소련에 속해 있던 우크라이나의 체르노빌 원자력 발전소에서 폭발 사고가 일어나 다량의 방사능이 누출됐지. 이 사고로 죽은 사람만 9천 명이 넘고, 발전소 인근에 사는 수십만 명의 주민이 다른 지역으로 강제로 이사를 갈 수밖에 없었어. 또한 나중에도 오래도록 방사능에 노출된 수많은 사람이 암에 걸리고 기형아를 출산하는 등 여러 가지 고통스런 후유증에 시달렸지.

당시 소련 정부가 대응을 신속하게 하지 않은 데다 기상 변화까지 겹쳐 방사능이 유럽 전체로 퍼지는 바람에 피해가 더욱 커지기도 했고.

그런데 원자력 발전이 얼마나 위험한지를 생생하게 보여 주는 초대형 사고가 2011년 3월 11일에 일본 동북부 지역에서 또 일어났어. 비극의 시작은 지진이었지.

인류 역사상 몇 손가락 안에 꼽힐 정도의 큰 지진이 이날 발생한 거야. 그리고 동시에 그 지진이 불러일으킨 거대한 해일이 바다에서 육지로 들이닥쳤어. 상상을 초월하는 이 엄청난 지진 해일, 즉 쓰나미는 육지의 모든 것을 집어삼킨 뒤 휩쓸어 가고 말았지. 그 결과 수만 명의 사람이 한꺼번에 죽었고, 해일이 쓸고 간 지역 전체가 한순간에 완전히 폐허로 변해 버렸어.

하지만 이보다 훨씬 더 끔찍한 재앙은 원자력 발전소 사고였어. 지진과 해일이 근처 바닷가의 후쿠시마라는 지역에 있던 원자력 발전소도 거세게 덮쳐 버렸거든. 그 바람에 원자력 발전소도 크게 부서질 수밖에 없었고, 그렇게 망가진 원자력 발전소에서 방사능이 대량으로 새어 나온 거야.

눈에 보이지 않는 방사능은 바람에 실려 곳곳으로 번지기 때문에 일본은 물론 온 세계가 공포에 떨어야 했어. 원자력 발전에 대한 안전 관리를 누구보다 철저하게 한다는 선진국 일본에서 터진 사고였기에 사람들의 충격이 더욱 컸지.

이 참사로 원자력 발전이 결코 안전하지 않다는 사실을 새삼 깨달은 세계 여러 나라는 원자력 발전소 건설 계획을 중단하거나 취소했어. 독일에서는 환경을 중시하면서 원자력 발전을 가장 강력하게 반대하는 녹색당이라는 정당이 이 참사 직후에 치러진 선거에서 크게 승리하기도 했지.

나아가 후쿠시마 참사는 원자력으로 상징되는 현대 과학 기술 문명 자체에 대한 깊은 반성을 이끌어 내고 있어. 아무리 눈부시게 발전한 최첨단 과학 기술이라 해도 그것을 무턱대고 믿고 따르다가는 큰 재앙에 빠질 수도 있다는 사실을 확인한 거지.

이처럼 원자력 발전은 안전성 측면에서 치명적인 사고의 위험을 안고 있다는 게 가장 큰 문제야. 전기를 생산한 뒤 나오는 방사성 폐기물을 어떻게 처리할 것인지, 발전소와 폐기물 처리장을 어디에 건설할 것인지도 풀기 어려운 문제고. 원자력 발전이 위험하다는 것을 사람들이 잘 알기 때문에 자기가 사는 지역에 원자력 발전소나 방사성 폐기물 처리장이 들어서는 걸 대부분 싫어하거든.

원자력 발전의 연료인 우라늄이 갈수록 고갈되리라는 것도 피할 수 없는 일이고, 무엇보다 아직까지 어느 나라도 위험하기 그지없는 방사성 폐기물을 안전하게 처리할 방법을 찾아내지 못한 상태야. 그래서 원자력 발전에 대해 이렇게 말하는 사람들도 있어. 비행기가 일단 이륙은 했는데 착륙할 곳을 찾지 못해 공중에서 헤매고 있는 것과 같다고 말이야. 원자력 발전을 '영원히 끌 수 없는 불'이라고 한 과학자도 있고.

우리나라는 현재 세계 10대 원자력 발전 대국 중에 하나야. 전체 전력 생산량에서 차지하는 원자력 발전의 비중은 세계 4위, 설비 용량으로는 세계

6위나 되지. 이런 현실에서 방금 얘기한 원자력 발전의 여러 가지 문제점들을 해결하지 않은 채 원자력 발전을 계속 확대하는 것은 아주 위험하고 어리석은 일이라고 할 수 있어.

나무를 심은 사람

　이번 얘기는 프랑스 남동부의 프로방스라는 곳에서 있었던 일이야. 어떤 젊은이가 어느 날 이 지역의 산악 지대를 걸어서 여행하다가 아주 특이한 노인을 만나게 돼.

　엘제아르 부피에라는 이름의 그 노인은 쇠막대를 땅에 꽂아 구멍을 낸 뒤 도토리 한 개를 넣은 다음 흙을 덮는 일을 되풀이하고 있었어. 황폐한 땅에 생명을 불어넣으려고 오랫동안 혼자서 양을 키우고 벌을 치면서 그렇게 나무를 심어오고 있었던 거야.

　옛날 그곳은 숲이 무성했고 그 숲에 의지해 많은 사람이 모여 살던 곳이었대. 그런데 사는 게 점점 어려워지자 사람들의 이기심과 욕심은 갈수록 커져만 갔고 그래서 만날 서로 경쟁하고 다투며 살게 되었어.

　그 와중에 울창했던 숲도 헐벗은 황무지로 바뀌었고, 견디다 못한 사람들은 모두 그곳을 떠나 버리고 말았지. 그런데 아내와 자식을 잃은 채 세상을 등지고 외롭게 혼자 살던 부피에 노인이 이곳에 들어와 매일 나무 심는 일을 시작한 거야.

　한참 세월이 흐른 뒤 젊은이는 이곳을 다시 찾아왔어. 부피에 노인이 어떻게 살고 있는지, 이곳이 어떻게 변했는지 궁금했던 거지. 아, 그런데 놀랍게도 기적이 일어나고 있었어. 사막처럼 황폐했던 그 땅이 거대하고 아름다운 숲으로 바뀌어 있었던 거야.

　메말랐던 땅에는 다시 물이 흐르고, 수많은 꽃이 다투어 피고, 새들도 돌아와 아름답게 지저귀고……. 바람마저도 이전의 거칠고 사나운 돌풍이 아니라 부드러운 산들바람이었고, 그 바람엔 향기마저 실려 있었지.

　숲만 되살아난 게 아니었어. 그렇게 자연이 살아나자 사람들 또한 꿈과 희망을 안고 이곳으로 다시 돌아왔어. 그리하여 폐허와 다름없었던 황무지가 웃음과 노래 속에서 삶의 기쁨이 울려 퍼지는 생명의 땅이 된 거야. 그러니까 수십 년 동안 아무런 이익이나 보상도 바라지 않은 채, 또한 조급하게 굴지도 않고, 혼자서 묵묵히 나무만 심어온 부피에 노인이 이런 위대한 기적을 만들어 낸 거지.

　이런 모습을 보면서 젊은이는 새삼 깨닫게 돼. 이 모든 것이 오직 순수한 한 사람의 손으로 이루어졌다는 것, 세상을 변화시키는 힘은 아름다운 영혼과 흔들리지 않는 신념이라는 것, 오직 한 가지 일에만 일생을 바치는 삶을 통해 절망이 희망으로 바뀐다는 것을 말이야.

　이 이야기를 보면 겉으로는 보잘것없어 보이더라도 누구나 높고 거룩한 뜻을 품고 그것을 흔들림 없이 실천하면 '기적'을 만들어 낼 수 있다는 것을 잘 알 수 있어. 진정한 영웅이란 과연 어떤 사람인가에 대해서도 다시 생각해 보게 되지.

이 감동적인 이야기를 담은 것이 프랑스 작가 장 지오노가 쓴 《나무를 심은 사람》이라는 책이야.

오래 전에 쓰여진 동화이지만, 그동안 스무 개가 넘는 언어로 번역되어 지금도 세계의 수많은 사람이 읽고 있어. 우리나라에도 예쁜 그림까지 넣은 번역서가 나와 있단다.

에너지 독립 선언을 한 나라, 스웨덴

세계에서 처음으로 석유를 쓰지 않고 에너지를 자급자족하겠다고 '에너지 독립 선언'을 한 나라가 있단다. 이 대단한 나라는 바로 북유럽의 스웨덴이야.

2006년 스웨덴은 2020년까지 난방에는 석유를 전혀 사용하지 않겠다고 공식 선언했어.

북극에 가까운 탓에 날씨가 춥고 겨울이 긴 스웨덴은 난방에 사용되는 에너지가 많은 편이야. 그래서 이 선언은 큰 의미가 있어. 뿐만이 아니야.

스웨덴은 2020년까지 다른 여러 분야에서도 석유 사용량을 지금보다 절반 가까이 줄이겠다고 발표했어.

가장 중요한 에너지원인 석유와 천연가스가 전혀 나오지 않는 스웨덴에서 이런 선언을 할 수 있었던 비결은 뭘까?

스웨덴은 이미 1970년대 초부터 석유에 지나치게 의존해서는 안 된다는 것을 깨닫고 석유에서 벗어나기 위해 꾸준히 노력해 왔어. 특히 없어지지도 않고 환경에 부담을 주지도 않는 재생 가능 에너지를 쓰려고 온 힘을 기울여 왔지.

스웨덴은 본래 숲과 나무가 아주 많은 나라야. 그래서 다른 나라에서도 많이 쓰는 풍력과 수력, 파도 같은 것들 외에도 산림을 벌채하거나 목재를 가공할 때 나오는 나무 부스러기나 찌꺼기를 에너지원으로 개발해 왔어.

가축 분뇨, 음식물 쓰레기 같은 것들도 최대한 활용했고. 또 에너지를 많이 쓰면 세금을 많이 부과하고 대신에 에너지를 절약하면 경제적인 혜택을 주는 제도도 다양하게 시행해 왔어.

예를 들면 친환경 연료를 사용하는 자동차에 대해서는 세금, 주차비, 통행료 등을 면제해 줄 뿐만 아니라 이런 차를 사면 보조금을 지급해 주는 거지.

이렇게 노력한 결과 1970년대에는 전체 에너지 사용에서 석유 의존도가 70퍼센트였으나, 30퍼센트 정도로 낮췄어. 대신에 재생 가능 에너지 사용 비율이 30퍼센트나 된단다. 이런 오랜 노력 끝에 얻은 자신감을 바탕으로 에너지 독립 선언이 나올 수 있었던 거야.

스웨덴에서 특히 생태 도시로 유명한 곳은 이 나라에서 두 번째로 큰 도시인 예테보리야.

예테보리는 도시 전체 에너지의 3분의 2가 난방에 사용되는데, 여기서 석유가 차지하는 몫은 놀랍게도 단 1퍼센트야. 그래서 예전에는 난방 에너지를 전적으로 석유에 의존했지만 지금은 1년을 통틀어 아주 추운 겨울의 하루 이틀 정도만 석유가 필요하대.

이 도시에서 석유를 대신하는 중요한 에너지원은 똥과 같은 분뇨와 쓰레기야. 분뇨를 20일 정도 발효시키는 과정에서 나오는 메탄가스를 연료로 전환시켜 사용하고, 또 쓰레기를 태우면서 나오는 열을 연료로 이용하는 거지. 땅속의 열을 뜻하는 지열과 나무 부스러기 같은 생물 연료도 많이 사용하고 있고.

예테보리는 에너지 절약 주택으로도 널리 알려진 곳이야. 그래서 도시 곳곳에서 벽면 전체를 태양광 발전 판이 덮고 있는 건물이나 주택을 쉽게 찾아볼 수 있어.

친환경 자동차 보급도 해마다 빠르게 늘어나고 있고. 덕분에 오늘날 예테보리는 북유럽의 환경 수도로 불리고 있지.

그런데 스웨덴이 세상을 깜짝 놀라게 한 건 이번이 처음이 아니야. 세계 최초로 1980년에 국민 투표를 거쳐 원자력 발전소를 모두 없애겠다는 발표를 한 나라도 바로 스웨덴이거든.

당시만 해도 원자력 발전의 인기가 아주 높았기 때문에 스웨덴의 이런 발표는 세계 사람의 큰 주목을 받았지.

하지만 정권이 바뀌면서 처음의 발표 내용에서 조금 물러서는 모습을 보이고는 있어. 하지만 스웨덴 국민들의 환경 의식이 워낙 높아서 원자력 발전 중단이라는 큰 흐름은 흔들리지 않을 거래.

석유와 같은 화석 연료에서 나오는 온실가스로 지구 온난화가 심각해지고, 갈수록 석유는 줄어드는 데다 석유 가격은 하늘 높은 줄 모르고 치솟고 있는 게 요즘 현실이야.

그래서 나라마다 에너지 문제로 골머리를 앓고 있어. 그야말로 석유에서 벗어나는 것이 발등에 떨어진 불이 된 거지.

스웨덴이 부러운 이유가 여기에 있어. 그런데, 아직도 석유 중독에 깊이 빠져 있는 우리나라는 언제쯤 에너지 독립 선언을 할 수 있을까?

옥수수를 먹는 자동차

요즘 들어 에너지 위기의 해결책 중 하나로 옥수수가 인기를 끌고 있다. 특히 미국에서는 옥수수를 발효시켜 만든 에탄올을 자동차 연료로 많이 사용하고 있다. 이 에탄올이 석유를 대신할 수 있는 대체 에너지로 여겨지는 것은 지구 온난화의 주범인 이산화탄소를 거의 배출하지 않기 때문이다.

문제는 옥수수가 식량이라는 점이다. 그래서 옥수수가 자동차 연료로 많이 쓰일수록 사람이 먹을 옥수수가 줄어들고 또 옥수수 가격이 크게 오를 수밖에 없다.

브라질에서는 주로 사탕수수로 에탄올을 만들고 있다. 그런데 사탕수수를 대규모로 재배하자니 숲을 파괴하고 강이나 땅을 오염시킬 수밖에 없다는 게 문제다. 다른 곡물을 생산할 경작지가 줄어드니 옥수수와 마찬가지로 식량을 부족하게 만드는 것도 문제고. 또 옥수수든 사탕수수든 에탄올을 만드는 과정에서 막대한 전기가 사용된다.

그래서 식량 위기와 환경 파괴를 일으키는 옥수수나 사탕수수 같은 식물 연료가 에너지 문제의 올바른 해결책이라고 하기는 힘들다. 대신에 생물 연료 중에서도 먹을거리나 식물이 아닌 음식 쓰레기, 가축의 똥과 오줌, 볏짚, 폐식용유 등에서 에너지를 얻는 게 제일 좋은 방법이다.

3장 북아메리카 이야기

북아메리카는 미국과 캐나다로 이루어져 있어. 유럽에서 건너온 사람들이 세운 나라들로 역사는 그리 길지 않아. 유럽 이민자들은 북아메리카 동부 지역에 처음 정착한 뒤, 점차 서부로 땅을 넓히면서 결국은 태평양에까지 이르게 되었지. 그 과정에서 본래 그 땅의 주인이던 수많은 인디언이 희생되고 말았어.

미국은 지난 20세기에 있었던 두 차례의 세계 대전을 거치면서 세계에서 가장 풍요롭고 힘센 나라가 되었어. 그리하여 세계 최고의 경제력과 군사력을 갖추게 되었지. 하지만 바로 그 때문에 세계에서 에너지와 상품을 가장 많이 소비하고, 동시에 온실가스와 쓰레기도 가장 많이 배출하는 나라가 되었어. 그래서 이제 미국은 지구 환경을 보전하는 데 보다 큰 역할을 담당해야 할 책임이 있다고 할 수 있어.

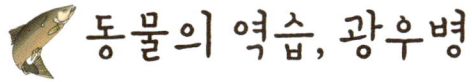

동물의 역습, 광우병

광우병이라는 말을 들어 봤니? 소의 머리에 구멍이 숭숭 뚫리고 다리로 몸을 지탱하지 못해 이상한 행동을 하다가 결국은 죽음에 이르는 병 말이야. 사람이 광우병에 걸린 소의 고기나 부산물을 먹고 이 병에 걸리면 인간 광우병이 되지. 우리나라에서도 광우병 발생 우려가 있는 미국산 쇠고기 수입 문제 때문에 전국에서 촛불 시위가 벌어지며 한바탕 난리가 났었단다.

광우병이 발생하는 이유는 본래 풀을 먹고 사는 초식 동물인 소에게 동물성 사료를 먹였기 때문이야. 자연의 질서와 동물의 습성을 파괴했다는 얘기지. 심지어는 소의 뼈와 살, 그리고 고기를 발라내고 남은 찌꺼기를 사료로 만들어 소에게 다시 먹이기도 해. 소에게 자신의 동족을 먹이는 거지.

이렇게 하는 건 어떻게든 돈을 덜 들여 최대한 빨리 소를 키워서 고기의 양을 늘리기 위해서야. 결국 인간의 욕심이 자연의 이치를 거스른 결과 광우병 같은 무서운 병이 생기는 거지.

광우병뿐만이 아니야. 한때 사람들은 의학의 눈부신 발달로 모든 전염병을 정복했다고 우쭐댔어. 하지만 현실은 전혀 달라. 예상치 못한 새로운 질병들이 계속 생겨나고 있거든. 소와 돼지처럼 발굽이 두 개인 동물에 생기는 구제역, 닭과 오리 같은 동물들에게서 주로 나타나는 조류 독감 같은 것들이 대표적이지.

　이런 가축 전염병들이 유행하게 된 가장 큰 원인은 이들 가축을 기르는 환경에 있어. 특히 동물들이 본래 갖고 있는 자연적인 특성은 완전히 무시한 채, 오로지 고기를 빨리, 많이, 값싸게 얻으려고 아주 좁은 곳에 엄청나게 많은 가축을 가두어 사육하는 게 가장 큰 문제야.

　달걀을 낳는 닭의 경우, 닭 한 마리에게 주어지는 공간이 우리가 흔히 쓰는 A4 용지 한 장도 채 안 돼. 죽어라 알 낳는 일만 강요당하면서 평생을 앉지도 눕지도 못한 채 그 비좁은 공간에서 살아야 하는 닭의 처지에서는 그야말로 생지옥이지.

가축의 빠른 성장을 위해 항생제와 성장촉진제 같은 해로운 약물을 지나치게 많이 먹이는 것도 큰 문제야. 또 가축을 죽일 때 아직 목숨이 붙어 있는 살아 있는 동물인데도 갈고리에 대롱대롱 매달린 채 머리가 잘리고 가죽이 벗겨지고 온몸이 찢겨나가는 일이 흔히 벌어져.

전염병이 돌기 시작하면 아무 죄 없는 동물들을 산 채로 그냥 땅에 파묻어 버리는 것도 진짜 잔인한 일이고. 동물들이 이런 비참한 환경에서 살다 보니 병에 걸리지 않을 수가 없고, 좁은 공간에서 너무 많은 가축을 밀집 사육하다 보니 한번 병이 발생하면 급속도로 퍼질 수밖에 없는 거야.

이런 사육 방식을 공장식 축산이라고 해. 동물을 살아 있는 생명체가 아니라 그저 공장에서 마구 찍어내는 물건으로 여긴다는 거지.

이처럼 축산이 단순한 고깃덩어리 제조 작업으로 전락하고 동물이 돈벌이의 도구가 되어 끔찍한 학대를 받은 결과 전염병이 생기고 그것이 결국 사람에게도 커다란 고통을 주고 있는 거야. '동물의 역습'이자 '동물의 복수'라 해도 과언이 아닌 셈이지.

그래서 독일 같은 나라에서는 이런 현실을 반성하면서 2002년에 세계에서 처음으로 동물의 권리를 헌법에 보장하기도 했어. 또 유럽 여러 나라의 모임인 유럽 연합에서는 가축을 '단순한 농산물이 아니라 감수성과 지각이 있는 존재'라고 규정하고 있어.

1918년 스페인 독감이란 전염병이 온 세계에 퍼진 적이 있어. 불과 2년 만에 2천5백만에서 5천만 명에 이르는 사람이 목숨을 잃었지. 전염병은 이처럼 무서운 거야.

기억할 것은, 최근 새롭게 나타난 전염병들의 가장 큰 원인은 바로 사람에게 있다는 거야. 사람이 자연의 순리를 파괴하고 같은 생명체인 동물을 지나치게 학대한 결과 전염병이 발생하기 때문이지.

한 가지 더 얘기할 것은 고기를 너무 많이 먹는 것도 문제라는 거야. 지금 우리나라의 국토 면적을 고려한 가축 수는 세계 최고 수준이야. 이 좁은 땅에 소만 406만 마리, 돼지는 1,116만 마리, 닭은 1억 7,900만 마리나 돼. 최근 20년 동안 전염병 탓에 그냥 땅에 파묻어버린 돼지, 소, 염소, 닭, 오리 등을 모두 합하면 무려 9,800여만 마리나 된대.

인간에 대한 동물의 보복이라 할 수 있는 가축 전염병을 막는 근본적인 방법은 그래서 크게 두 가지라고 할 수 있어. 하나는 가축 사육 방식을 바꾸는 것이고, 다른 하나는 고기를 덜 먹는 거야. 그리고 이를 위해선 동물을 살아 있는 생명으로 존중하고 배려할 줄 아는 마음을 갖는 게 꼭 필요해.

환경 운동가가 된 배스킨라빈스 상속자

배스킨라빈스라는 유명한 미국 아이스크림 회사가 있다. 그런데 이 회사를 만든 사람의 외아들 존 로빈스에 얽힌 흥미로운 얘기가 있다.

그는 아버지한테서 회사를 물려받으면 엄청난 부와 명예를 거머쥘 수 있었는데도 그 모든 걸 포기하고 환경 운동가가 되었다.

존 로빈스는 특히 채식을 실천하는 것으로 유명하다. 배스킨라빈스의 공동 설립자인 그의 아버지와 삼촌은 평생 고혈압, 당뇨, 비만 등으로 큰 고생을 했다. 특히 삼촌은 50대 초반에 사망하고 말았다. 이들이 이렇게 된 원인은 평생 아이스크림을 너무 많이 먹었기 때문이라고 존 로빈스는 생각했다. 우유를 기본 원료로 갖가지 첨가물을 넣어 만든 아이스크림이 이렇다면 육식은 얼마나 몸에 안 좋을까 하는 생각에 그는 채식주의자가 된 것이다.

존 로빈스가 채식주의자가 된 또 하나의 이유는 그가 목격한 축산업의 비참한 현실 때문이다. 너무나 잔인하게 동물을 학대한다는 것을 뻔히 알면서 그 동물의 고기를 차마 먹을 순 없었던 것이다.

 시애틀 추장의 편지

미국의 역사를 보면 서부 개척 시대라는 게 있단다. 서부 개척이란, 영국에서 건너와 미국의 대서양쪽 동부 지역에 정착한 백인들이 200여 년 전부터 서부로 차츰차츰 영토를 넓혀 갔던 일을 말해. 백인들은 이 과정에서 오랜 옛날부터 그곳에 터를 잡고 살던 원주민 인디언들을 무자비한 학살과 약탈로 짓밟아 버렸지.

그래서 미국의 서부 개척사는 곧 인디언 멸망사이기도 해. 백인들은 미국 서부의 그 넓은 땅을 총과 대포를 앞세워 독차지하면서 인디언들에게는 손바닥만 한 땅만 내주고 거기 가서 살라고 강요했지.

그러던 중 1854년에 미국 14대 대통령 프랭클린 피어스가 미국 북서부에 살고 있던 어느 인디언 부족의 추장인 시애틀에게 땅을 팔 것을 요구했어. 그 요구를 거절해 봤자 결국은 힘이 약한 자신들이 커다란 희생만 치르고 땅을 빼앗길 수밖에 없다는 것을 잘 알고 있던 시애틀 추장은 미국 대통령에게 편지를 보냈어.

이 편지는 자연과 평화와 자유로운 삶을 사랑했던 인디언 문화를 잘 드러내고 있어서 오늘날까지도 많은 사람에게 깊은 감동을 안겨 주고 있단다. 줄거리는 다음과 같아.

미국 대통령이 우리 땅을 사고 싶다는 말을 전해 왔습니다. 하지만 땅과 하늘은 사고팔 수 있는 것이 아닙니다. 깨끗한 공기와 물방울은 우리 것이 아닌데 어떻게 그것을 사겠다는 건가요? 이 땅의 모든 것은 신성한 것입니다. 반짝이는 소나무 잎, 바닷가 모래밭, 숲 속의 짙은 안개, 수풀과 노래 부르는 곤충들 모두 우리의 기억과 경험 속에서 신성한 것입니다.

우리는 이 땅의 한 부분이며 땅 또한 우리의 일부입니다. 향기 나는 꽃은 우리의 자매입니다. 곰과 사슴과 큰 독수리는 우리의 형제입니다. 시내와 강을 흘러내리는 반짝이는 물은 단순히 물이 아닙니다. 우리 조상의 피라고 할 수 있지요. 졸졸 흐르는 물소리는 우리 아버지의 아버지가 내는 목소리고요.

우리는 알고 있습니다. 땅은 사람의 것이 아니라는 것을, 사람이 땅에 속한다는 것을, 그래서 땅에 무슨 일이 생기면 땅의 자식들에게도 똑같은 일이 생긴다는 것을 말입니다. 모든 사물은 우리 몸을 연결하는 피처럼 서로 연결되어 있기 마련입니다.

들소들이 모두 살육당하고 야생마들이 모두 길들여지며 성스러운 숲이 인간의 냄새로 꽉 찰 때, 잡목 숲과 독수리는 어디서 찾겠습니까? 그것은 바로 삶의 종말이요 죽음의 시작입니다. 이 지상에서 마지막 인디언이 사라지고 오직 광야를 가로질러 흘러가는 구름의 그림자만이 남더라도 이 바닷가와 숲은 여전히 우리의 영혼을 간직하고 있을 것입니다. 왜냐하면 그들은 갓난아이가 엄마 심장의 고동소리를 사랑하듯 이 땅을 사랑하기 때문이지요.

이 땅은 우리에게 소중하며, 당신들에게도 소중합니다. 우리는 신은 하나라는 것을 압니다. 백인이든 우리든 사람은 나뉠 수 없습니다. 우리는 모두 형제이기 때문이지요.

어때? 멋있지 않니? 참고로 하나만 더 알려 줄게. 미국 북서부 워싱턴 주의 태평양 연안에 시애틀이라는 아름다운 항구 도시가 있어. 이 도시는 빌 게이츠가 회장으로 있는 컴퓨터 회사 마이크로소프트와, 커피 전문점으로 유명한 스타벅스의 본사가 있는 곳이기도 하지. 이 도시 이름이 시애틀이라는 인디언 추장 이름에서 따온 거란다.

대기 오염의 주범은 자동차

미국 로스앤젤레스에 사는 마이클은 초등학교 5학년이야. 마이클의 가족은 자동차 없는 생활을 상상할 수가 없어. 한 대도 아니고 두 대나 가지고 있지. 아빠 엄마가 자가용으로 각기 다른 직장을 출퇴근하는 데다 주말에 놀이공원에 가는 것도, 물건을 사러 가는 것도, 외식하러 식당에 가는 것도, 심지어는 친구 집에 놀러 가는 것도 자동차 없이는 할 수가 없거든. 그런 곳들이 집에서 멀리 떨어져 있기도 하고, 버스 같은 대중 교통수단으로는 그곳들이 연결되지도 않기 때문이야.

마이클은 그렇게 자동차를 자주 타고 다니면서 문득 이런 생각이 들었어. 학교에서도 배운 것처럼 자동차에서는 몸에 해로운 배기가스가 많이 나온다는데 이렇게 사람마다 집집마다 자동차를 많이 타고 다니면 무슨 문제가 생기는 건 아닐까? 더구나 내가 사는 로스앤젤레스는 아주 큰 도시라 다른 곳에 비해 자동차도 엄청 많고 인구도 많을 텐데 과연 괜찮을까?

마이클의 걱정은 전혀 엉뚱한 것이 아니야. 실제로 로스앤젤레스에서는 자동차 배기가스로 커다란 대기 오염 사고가 일어난 적이 있어.

1955년 여름의 일이었지. 그때 로스앤젤레스에서는 평소와는 달리 38도가 넘는 불볕더위가 일주일이나 계속됐어. 그런데 그 직후에 천식과 기관지염 환자가 크게 늘었고, 노인들의 사망자 수도 평소의 네 배 이상이나 된 거야. 또 건물 벽이 녹아서 망가지고 고무 제품이나 음식물 등이 상하는 일도 갑자기 늘었지. 평소와는 너무 다른 상황에 깜짝 놀란 사람들이 조사를 해보니 자동차 배기가스가 가장 큰 원인이었어.

이게 바로 로스앤젤레스 스모그야. 앞서 유럽 편에서 얘기한 런던 스모그가 공기가 움직이지 않고 고여 있는 상황에서 주로 석탄을 태울 때 나오는 먼지와 아황산가스가 일으키는 검은색 스모그라면, 로스앤젤레스 스모그는 자동차 배기가스에서 나오는 질소 산화물과 탄화수소라는 물질이 햇빛과 만나면서 생기는 황갈색 스모그야.

로스앤젤레스에서 이런 사고가 발생한 가장 큰 이유는 당시 이 도시가 급격하게 성장하면서 인구와 함께 자동차도 엄청난 속도로 늘어났기 때문이야. 하지만 동시에 이 도시의 지형 조건도 영향을 미쳤어. 로스앤젤레스는 미국 서부 캘리포니아 주의 태평양 연안에 자리 잡고 있는 탓에 바닷가에서 내리쬐는 햇빛이 아주 강렬해. 그리고 높은 산이나 언덕으로 둘러싸인 분지이기 때문에 공기가 잘 빠져나가기 힘든 곳이야. 이런 요인들이 자동차 배기가스와 만나면서 대형 환경 사고가 터지고 만 거지.

그뿐만이 아니야. 1980년 10월에도 로스앤젤레스에 스모그가 발생한 적이 있어. 이때는 시민들이 바깥에서 달리기 운동을 하는 게 금지되었고, 노인과 어린이들은 외출할 수도 없었다고 해.

한마디로 로스앤젤레스 스모그는 자동차가 많은 대도시에서 주로 발생하는 자동차형 스모그라고 할 수 있어. 무덥고 햇볕이 쨍쨍 내리쬐는 여름날 오후에 주로 발생하는데, 심하면 눈이 따갑고 숨 쉬는 게 힘들어져. 폐나 심장에 병이 있는 사람이나 노약자들은 특히 더 위험하지.

요즘엔 오존과 미세 먼지도 심각한 문제인데, 이들의 공통점 또한 그 원인이 주로 자동차라는 거야. 오존은 자동차나 공장 등에서 나오는 탄화수소가 햇빛을 받아 만들어지는 오염 물질이고, 미세 먼지는 특히 경유 자동차와 공장에서 배출되는 눈에 보이지도 않는 작은 먼지를 말하지.

　우리나라 서울에도 자동차가 아주 많기 때문에 자동차로 인한 대기 오염이 심각해. 서울 대기 오염의 85퍼센트 이상이 자동차 배출 가스 때문에 생기는 거거든. 더운 여름날 서울을 비롯한 대도시에 가끔 오존 주의보나 오존 경보를 내리는 게 그 증거라고 할 수 있지.
　로스앤젤레스는 요즘도 무려 천만 대가 넘는 자동차가 운행되는 탓에 그동안 수많은 대책을 내놓았음에도 여전히 미국에서 가장 대기 오염이 심한 지역으로 꼽히고 있어. 우리나라도 지금처럼 자동차가 계속 늘어나고 사람마다 대중교통이 아니라 자가용 타는 것을 좋아하다 보면 머지않아 '서울 스모그'라는 불명예스러운 말이 생겨날지도 몰라.

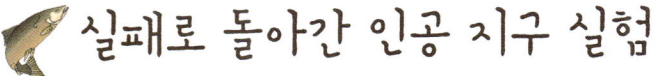 실패로 돌아간 인공 지구 실험

지구가 또 하나 있다면, 혹은 지금의 지구와 똑같은 것을 사람의 힘으로 만들 수 있다면 얼마나 좋을까? 그렇다면 지구가 아무리 망가지고 오염돼도 별로 걱정할 필요가 없겠지? 거기로 이사를 가면 되니까 말이야.

그런데 인공 지구를 만들어 이런 꿈을 실제로 실험해 본 사람이 있단다. 미국의 백만장자인 에드워드 배스라는 사람이 그 주인공이야. 이 사람은 자기 손으로 작은 지구를 만들고 싶다는 꿈에 젖어 2천억 원이 넘는 돈을 들여 애리조나주 남부 사막 지대에 4만 평에 이르는 거대한 유리 온실을 만들었어. '생물권 2'라는 이름을 붙인 이 인공 지구는 지구의 축소판이었지.

그는 이 안에 바다, 숲, 습지, 사막, 초원, 논밭 등 지구상에 존재하는 자연을 그대로 만들었어. 원숭이, 염소, 지렁이, 벌새 등 각종 동식물만 해도 3,800여 종이나 넣었지. 태양빛을 받아들이기 위해 천장은 유리로 만들었어. 아마존 열대 우림에서 직접 300종의 식물을 가져와 심고, 바다에 넣을 산호초는 카리브 해에서 직접 가져왔어. '생물권 1'인 지구와 최대한 똑같은 생태계를 만든 거지. 그러고는 남녀 각 4명씩 8명이 외부와 완전히 단절된 이곳에서 1991년 9월부터 2년간 살아보는 실험을 했단다.

결과는 성공일까, 실패일까?

2년을 간신히 채우기는 했지만, 실제 지구와 같은 자급자족 생태계를 유지하는 데에는 완전히 실패하고 말았어. 다양한 생물이 번창하기는커녕 대부분 죽어 버렸고, 그곳을 대신 점령한 것은 바퀴벌레와 개미였어.

무엇보다 8명이 살아가는 데 필요한 산소가 충분하지 않은 게 가장 큰 문제였지. 그래서 처음 약속과는 달리 외부에서 산소를 긴급 투입해야만 했단다. 산소뿐만 아니라 물, 식량, 거주 공간 등 필요한 대부분의 것들이 부족해지고 말았고, 그 결과 실험이 끝날 때 즈음에는 한정된 자원과 공간을 놓고 실험 참여자들이 서로 다투기까지 했대.

이 실패한 실험의 교훈은 뭘까? 그건 바로 자연이 제공하는 햇빛, 산소, 물과 같은 서비스를 우리는 거의 공짜로 사용하지만, 그것을 인공적으로 만드는 데에는 엄청난 비용이 든다는 거야. 아니, 아무리 많은 돈을 퍼붓고 첨단 과학 기술을 총동원하더라도 자연을 본래의 모습 그대로 똑같이 만든다는 것 자체가 불가능하다는 것을 일깨워 줬다고 봐야겠지.

자연이 선사하는 다양한 서비스는 자연과 그 자연 속에서 살아가는 수많은 생명체의 활동이 한데 어우러지면서 만들어지는 거야. 사람이 지구와 자연을 마치 자기만의 것인 양 마음대로 쓰면 안 되는 이유가 이것이지.

자연을 훼손하면 그 순간 자연이 눈에 띄지 않게 묵묵히 해 오던 소중한 기능과 역할 또한 사라지고 말아. 그런데 안타깝게도 자연의 이러한 고마운 가치가 사라지고 나서야 사람들은 그것이 얼마나 소중한지를 깨닫게 되지.

바로 그래서 아무런 대가도 요구하지 않고 언제나 우리 곁에 있을 것 같은 햇빛과 공기와 나무와 강 같은 것들을 늘 감사하는 마음으로 대할 줄 알아야 한단다.

현대인이 본받아야 할 아미쉬 정신

초등학교 6학년인 민수는 얼마 전부터 미국 북동부에 위치한 펜실베이니아주의 랭커스터라는 곳에서 학교를 다니고 있어. 한국에서 회사원 생활을 하던 아빠가 이곳에서 새 직장을 얻으면서 가족 모두가 이민을 왔거든. 그런데 민수는 새로 사귄 미국 친구들한테서 흥미로운 얘기를 들었어. 이웃 마을에 아주 이상하고 특이한 방식으로 모여 사는 사람들이 있다는 거야.

부쩍 호기심이 동한 민수는 어느 날 방과 후에 친구들 몇몇과 그 마을을 구경하러 갔어. 직접 가서 봤더니 과연 듣던 대로였어. 미국에서는 비행기로 농약을 뿌릴 정도로 대규모로 기계화된 농사를 짓는 게 일반적인데, 이 마을에서는 아주 옛날 사람들처럼 말과 쟁기로 밭을 갈고 있는 거야. 또 자동차를 전혀 찾아볼 수 없고 사람들은 모두 마차를 타고 다니고 있었어.

민수는 마을을 돌아다니다가 마침 또래 아이들이 노는 걸 보고서 말을 걸어 보았어. 이 마을 사람들이 집에서는 어떻게 생활하는지 무척 궁금했거든. 들어 보니 텔레비전, 컴퓨터, 전화, 라디오 같은 건 사용하지 않는대. 또 음식도 직접 농사를 지어서 마련하고, 집도 직접 짓고, 옷이나 가구 같은 것들도 직접 만들어서 입고 쓰는 경우가 대부분이래.
민수는 문명 세계와 멀리 떨어진 아프리카나 아마존의 깊은 밀림이 아니라 최첨단 현대 문명이 가장 번창하고 있는 미국에서 이렇게 살아가는 사람들이 있다는 걸 알고서 깜짝 놀라지 않을 수 없었어.

이 마을은 아미쉬 사람들이 모여 사는 곳이야. 아미쉬는 본래 16세기에 스위스 취리히에서 탄생한 기독교의 한 교파 이름이야. 이들은 군대 가는 것과 어릴 때 세례 받는 것 등을 거부한 탓에 반사회적 집단으로 몰려 모진 박해를 받았어. 그러다 종교의 자유가 보장되는 미국이라는 신대륙으로 집단 이주해서, 특히 펜실베이니아주를 중심으로 모여 살고 있는 거야. 미국에 20만 명이 넘는 아미쉬 교도들이 살고 있다고 해.

이들의 특징은 물질과 성장 중심의 철학을 거부한다는 점이야. 개인주의보다 공동체 정신을, 경쟁보다 협동을, 물질의 소유보다 자발적인 검소함을, 복잡하고 편리한 생활보다 불편하더라도 단순한 생활을 더 소중하게 여기지. 일도 자연의 흐름과 질서를 존중하면서 한단다.

대부분 직접 농사를 지어 자급자족하고, 폐품과 쓰레기들을 활용해 필요한 물건을 만드는 '재활용의 달인들'이기도 하지. 또 석유와 같은 화석 연료가 아니라 풍력, 수력, 마력말, 태양 등과 같이 자연을 훼손하지 않는 에너지를 사용해.

　기독교 공동체임에도 건물로 만든 교회도 없고, 성직자도 없고, 헌금도 하지 않고, 성경 공부 모임도 없고, 전도와 선교 활동도 하지 않아.

　세금은 내지만 나라가 제공하는 복지 혜택은 받지 않고, 고등학교 이상의 제도권 학교 교육은 거부해. 철저한 비폭력 평화주의에 따라 전쟁과 군 복무를 반대하고, 억울한 일을 당해도 폭력을 사용해 보복하지 않고 법적인 소송도 하지 않아. 그리고 아미쉬 청소년들은 열여섯 살이 되면 일정 기간 바깥세상을 직접 체험하고 나서 일생을 아미쉬로 살아갈지, 바깥세상으로 나갈지 스스로 선택하게 되는데 공동체에 남기로 결정하는 비율이 90퍼센트에 이른다고 해.

　그런데 늘 조용하고 평화롭게 살아 남들의 주목을 받을 일이 거의 없던 아미쉬 사람들이 세상에 널리 알려진 사건이 있었단다. 2006년 10월에 발생한 총기 난사 사건이 바로 그거야. 범인이 아미쉬 마을의 학교에 침입해 마구 총을 쏘아대는 바람에 수업을 받고 있던 어린 학생 5명이 죽고 5명이 크게 다치는 충격적인 사건이 일어났었지.

　그런데 진짜 충격적인 건 어린 자식을 참혹하게 잃은 아미쉬 부모가 보여 준 반응이었어. 그들은 분노하거나 범인을 증오하기보다는 오히려 자살한 범인의 가족을 찾아가 그들을 위로하면서 용서의 뜻을 전했어. 더욱 놀라운 건 사건이 벌어질 때 어린 소녀들이 보여 준 행동이었어. 어린 두 자매가 서로 자신들에게 먼저 총을 쏘라고 범인에게 호소한 거야. 자신들이 먼저 죽으면 다른 친구들은 목숨을 건질 수 있을 거라고 믿었기 때문이지.

물론 아미쉬 사람들을 시대에 뒤떨어진 답답한 사람들이라거나 이상한 사이비 종교 집단이라고 비판하는 사람들도 있어. 살벌한 경쟁에서 남들을 이기고 출세하는 것을, 그리고 많은 사람이 부자가 되는 것을 인생 최고의 목표로 여기는 것이 오늘의 현실이기도 하지. 하지만 물질의 풍요와 생활의 편리에 지나치게 집착하는 현대 물질문명에 지치고 실망한 많은 사람에게 아미쉬의 정신은 갈수록 널리 퍼지고 있단다.

댐을 없애면 물고기가 돌아올 거예요!

미국이 대대적으로 댐과 저수지를 건설하게 된 계기는 1901년 시어도어 루스벨트 대통령의 다음과 같은 연설 때문이었어.

"강에 흐르는 물의 양을 일정하게 유지하고 홍수 때 불어난 물을 가두어 두기 위해서는 대규모 저수 사업이 필요합니다."

이때부터 미국 정부는 홍수 피해를 줄이고 수력 발전을 하고 상수원을 공급하려고 댐과 저수지를 대대적으로 만들기 시작했어. 그런데 이건 미국에서만 일어난 일이 아니야. 세계 전체가 그랬어. 전 세계에서 대형 댐은 계속해서 건설되었고, 세계적으로 큰 강으로 꼽히는 230개의 강 가운데 60퍼센트에 댐과 같은 구조물이 세워졌지.

그러나 요즘은 사정이 크게 달라졌어. 댐을 건설하면 얻는 것보다 잃는 게 더 많다고 얘기하는 사람이 부쩍 늘고 있거든.

댐이 환경을 망치는 것은 물론 경제적으로도 얻는 게 많지 않고 인근 주민들의 생활에 큰 피해를 준다는 깨달음이 널리 퍼지고 있는 거야. 그래서 미국만 보더라도 이미 만들어 놓은 댐을 없애는 경우가 갈수록 늘어나고 있어.

대표적인 사례가 지난 2007년 미국 서부의 태평양 쪽에 위치한 오리건주에서 철거된 마멋댐이야. 이 댐은 해마다 돈으로 계산하면 70억 원이 넘는 전력을 생산해 왔는데, 이것을 포기하면서까지 댐을 부숴 버린 이유는 바로 연어를 보호하기 위해서였어.

한때 이 지역의 특산물이자 지역 주민들의 자랑거리였던 연어가 댐 건설 이후 멸종 위기에 놓이게 됐거든. 그러자 주민들이 댐을 없애더라도 연어를 살리자고 들고일어난 거야.

댐을 없앤 효과는 바로 나타났어. 댐 철거 뒤 불과 두 달 만에 댐 건설 이전의 자연적인 물길이 되살아났고, 연어를 비롯한 수많은 물고기가 강으로 되돌아온 거야. 강 근처의 아름다운 생태계가 다시 살아난 것은 두말할 필요도 없고.

댐 철거로 전력 생산이 중단됐지만 이것도 큰 문제가 되지는 않았어. 댐 대신에 바람을 이용하는 풍력과 같이 자연에 해를 끼치지 않는 전력 생산 방식을 통해 전력을 다시 만들어 내기 시작했거든.

 오랜 세월 미국의 강들은 댐과 제방을 설치하고 물길을 직선 모양으로 바꾸고 강바닥을 파낸 탓에 끊임없이 파괴되어 왔어.

 하지만 오늘날 미국 시민들은 강을 이런 식으로 개발하는 것이 사람에게 잠깐 동안은 이익을 안겨 주지만 길게 보면 결국은 손해라는 사실을 깨닫고 있어.

 세월이 흐를수록 개발로 발생하는 손해가 개발하지 않을 때 얻을 수 있는 생태적·사회적·경제적 이익보다 훨씬 더 크다는 걸 알게 된 거지.

숲을 살리는 벌목 회사, 콜린스 파인

'벌목'은 나무를 베어 내는 것이니, 벌목 사업으로 돈을 버는 회사라면 환경과는 거리가 멀다고 해야겠지? 그런데 베어 낸 나무로 다양한 목재 제품을 만드는 벌목 회사면서도 나무와 숲을 살리는 기업 활동으로 언론은 물론 환경 운동하는 사람들한테서도 칭찬을 받는 기업이 있단다. 미국의 콜린스 파인이라는 회사가 바로 그곳이야.

150년이 넘는 오랜 역사에 직원 수가 8천 명에 이르는 이 회사는 자신들의 세 가지 사명을 이렇게 정하고 있어.

첫째, 전체 숲 생태계의 건강을 지킨다.
둘째, 지속 가능하고 재생 가능한 방식으로 제품을 생산한다.
셋째, 지역 사회에 사회적·경제적인 혜택을 돌려준다.

이에 따라 콜린스 파인은 나무를 마구 베어 내는 것이 아니라 나무가 자연적으로 재생할 수 있도록 숲의 성장 속도를 자연의 속도에 맞추고 있어. 또 나이가 비슷한 한 가지 종류의 나무로 숲을 조성해야 돈을 쉽게 벌 수 있음에도 그런 방식을 거부하고 있어. 그 탓에 다른 경쟁 업체들에 비해 순이익은 4분의 1정도 적은 편이지. 하지만 콜린스 파인 직원들은 오히려 뿌듯한 사명감과 자부심을 느끼면서 즐겁게 일하고 있대.

그래서 직원들은 이렇게 말해.

"우리 회사는 돈은 많이 못 벌어도 임업 전체를 변화시켰습니다. 돈이 전부는 아니며, 뭔가를 개선했다는 데서 오는 만족도 아주 중요합니다. 우리는 매일 즐겁게 일하고 있습니다."

이 회사는 또 '인증' 절차를 아주 엄격하게 밟고 있어. 인증이란, 회사의 경영 방식이 진짜로 친환경적이고 지속 가능한지를 외부 기관이 조사해서 공식적으로 인정해 주는 것을 말해.

처음엔 반대도 있었대. 외부 인증 기관이 회사 일을 간섭하게 되면 회사가 통제권을 잃을 수도 있고, 귀찮은 업무도 더 늘어나기 때문이지.

하지만 이 회사는 과감하게 거꾸로 생각했어. 인증이 오히려 회사의 가치를 더 높이고 이러한 도전을 긍정적으로 받아들이는 것이 결국은 회사에 더 큰 도움이 될 거라고.

그래서 지금은 오히려 인증 절차 덕분에 외부 사람들에 대한 이해와 신뢰를 높이게 되었고 그 과정에서 많은 것을 배울 수 있었다고 모두가 자랑스러워한대.

한마디로 이 회사는 돈을 좀 적게 벌더라도 자연의 순리와 생명의 가치를 망가뜨리지 않는 범위 안에서 사업을 하겠다는 거야. 환경을 존중하는 기업 경영의 새로운 모범을 보여 주고 있다고 할 수 있지.

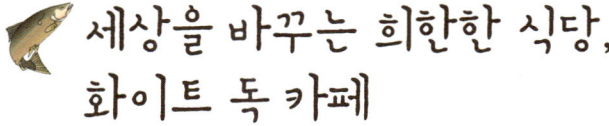 세상을 바꾸는 희한한 식당, 화이트 독 카페

식당은 식사만 하는 곳일까? 우리가 알고 있는 대부분의 식당은 그렇겠지. 아마도 대다수 사람은 좋은 재료로 맛있는 음식을 만들어 내놓고 친절하게 서비스하는 식당을 최고로 여길 거야.

그런데 만약 식당에서 사회 문제를 놓고 토론회를 열거나, 범죄가 들끓는 도시 빈민가 방문 행사를 벌인다면? 또 사람들이 집회와 시위에 참여할 수 있도록 버스를 제공하고, 농민 축제와 농부들과의 대화 자리를 마련하고, 학생들에게 장학금을 준다면?

식사만 하는 줄 알았던 식당에서 이런 일들을 벌인다고 하면 어떤 느낌이 들까? 너무 엉뚱하고 희한할까? 재밌고 신날까? 딴 일하는 데 정신이 팔려 정작 음식은 형편없지 않을까?

미국 필라델피아에 '화이트 독 카페'라는 식당이 있어. 환경 운동과 사회 활동을 활발하게 펼치면서도, 무엇보다 식당의 가장 중요한 요소인 맛있는 음식으로 소문난 인기 레스토랑이야. 그래서 늘 손님들로 북적거리지.

이 식당은 직원이 70명이 넘고 1년 매출액이 우리 돈으로 60억 원 이상이니, 우리가 흔히 보는 작은 식당이라기보다는 중소 규모의 기업 수준이라고 할 수 있지.

화이트 독 카페의 주요 메뉴는 연어를 비롯한 생선 요리, 고기 요리, 케이크, 샐러드 등이야. 그런데 이 식당에서는 농약과 화학 비료를 쓰지 않는 유기농 농산물을 최대한 많이 사용하고, 고기도 잔인한 방식으로 사육된 가축의 것은 사용하지 않아.

환경을 파괴하고 안전성을 믿을 수 없다고 많은 사람이 우려하는 유전자 조작인공적으로 유전자를 재배합하거나 돌연변이를 일으켜 유전자 성질을 바꾸는 것 농산물도 사용하지 않고.

그러니까 방금 얘기한 다양한 사회적 활동을 통해 이루고자 하는 가치나 목적을 먹을거리와 요리에도 그대로 적용하는 거지.

화이트 독 카페는 자신들이 여는 갖가지 행사에 보다 많은 지역 주민이

참여할 수 있도록 행사 시작 전에 푸짐한 아침 식사를 제공하고, 행사와 식사를 마치고 나면 강사를 초청해 질의응답 시간을 갖기도 해. 뜨거운 사명감과 봉사 정신이 없으면 할 수 없는 일이지.

화이트 독 카페의 사장은 자신들의 사명을 네 가지라고 얘기해.

첫째, 고객에게 봉사하는 것. 둘째, 지역 공동체에 봉사하는 것. 셋째, 직원으로서 서로에게 봉사하는 것. 넷째, 자연에 봉사하는 것.

이를테면, 근처 지역에서 생산된 농작물을 음식 재료로 구입하는 것은 지역 경제를 살리기 위한 것이고, 잔인하게 사육된 고기를 사용하지 않는 대신에 땅을 해치지 않는 유기 농산물을 사용하는 것은 자연과 생명의 가치를 위한 것이지. 사장과 주방장이 똑같은 월급을 받는 것은 직원을 위한 것이라고 할 수 있고.

이 식당 사장은 나아가 이렇게 말해. "나에게 식당에서 버는 돈은 우리 사명을 실현하는 데 필요한 연료 같은 거예요."라고 말이야.

이런 이야기를 들어 보면 식당이라는 게 단순히 음식을 팔아서 돈이나 많이 벌면 그만인 것이 아니라, 얼마든지 좋은 일을 많이 하면서 좀 더 아름답고 정의로운 세상을 만드는 데 크게 이바지할 수 있다는 것을 잘 알 수 있어. 그리고 이건 비단 식당뿐만 아니라 다른 모든 일에도 적용할 수 있는 얘기지.

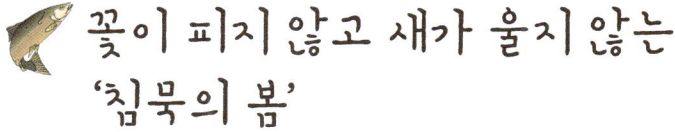 꽃이 피지 않고 새가 울지 않는 '침묵의 봄'

농약과 살충제로 한때 널리 사용되던 것으로 DDT_{dichloro-diphenyl-trichloroethane}라는 게 있어. 미국에서 처음으로 실제 생활에 사용되기 시작했는데, 만드는 데 큰돈이 들지 않고 말라리아 같은 병을 옮기는 모기나 이를 없애는 데 효과가 매우 크기 때문에 1940년대부터 살충제로 많이 쓰였어. 그 몇 년 뒤부터는 살충용 농약으로서 농업에서도 널리 사용되었고.

그러나 이 DDT는 대부분의 나라에서 사용이 금지되어 있어. DDT가 땅과 동물은 물론 사람 몸에도 아주 해로운 영향을 미친다는 사실이 밝혀졌기 때문이지. DDT의 이런 유해성을 밝혀내고 사용 금지를 이끌어낸 사람이 있어.

미국의 해양 생물학자이자 작가인 레이첼 카슨이 바로 내가 말한 사람이야. 1960년대 초의 일이었지. 당시는 환경 문제에 관심을 기울이는 사람이 거의 없던 때였어. 하지만 카슨은 그때 이미 DDT와 같은 살충제와 농약을 마구 쓰다가는 봄이 왔는데도 새가 울지 않고 꽃이 피지 않는 미래가 올 수 있다고 경고했어.

유독한 살충제나 농약이 사람의 건강을 어떻게 파괴하고 죽음에 이르게 하는지, 이런 유해 화학 물질이 어떻게 자연 속에 확산되고 또 어떻게 사람한테까지 그 피해를 주게 되는지 등을 낱낱이 파헤친 거야. 이런 내용을 상세하게 담은 것이 《침묵의 봄》이라는 유명한 책이야.

이 책은 나온 지 16개월 만에 무려 100만 부나 팔려 나갈 정도로 사람들에게 커다란 충격과 깨달음을 안겨 주었어. 하지만 반대로 살충제와 농약을 팔아서 돈을 벌던 기업들은 난리가 났지. 그들은 언론까지 동원해 카슨을 비이성적인 주술사로 몰아붙였고, 과학에 대해서 잘 알지도 못하는 보잘것없는 여성의 주장을 귀담아 들어서는 안 된다고 했어. 카슨의 책은 살충제보다 더 독하다는 비난을 퍼붓기까지 했지.

하지만 카슨이 밝혀낸 진실의 힘은 강했어. 비록 카슨은 《침묵의 봄》을 펴낸 지 2년도 채 지나지 않아 암으로 숨을 거두고 말았지만, 카슨의 영향으로 미국의 환경 정책이 크게 바뀌었거든. 지구의 자연을 지키자는 취지로

'지구의 날'이 만들어졌고, 수많은 주에서 DDT 사용을 금지하기 시작했으며, 유해 물질을 생산하는 화학 회사들은 자리를 옮기게 되었지. 무엇보다 카슨은 미국을 넘어 전 세계에 환경 파괴의 심각성을 널리 알렸고 각지에서 환경 운동을 일으키는 불쏘시개 역할을 했어.

이런 공로를 기려 유명한 시사 잡지인 〈타임〉은 레이첼 카슨을 20세기의 가장 중요한 인물 100인 중 한 사람으로 선정했어. 그리고 그의 대표작인 《침묵의 봄》 또한 20세기 인류에게 가장 큰 영향력을 끼친 책 중에 하나로 꼽히고 있단다.

미국의 환경 운동가와 사상가들

레이첼 카슨 외에도 세계 환경 운동이나 환경 사상의 발전에 크게 이바지한 사람이 많다. 먼저 헨리 데이비드 소로라는 19세기에 활동한 사람을 꼽을 수 있다. 야생의 자연과 단순하고 소박한 삶을 예찬하면서 진정한 자유의 소중함을 노래한 사람이다. 그가 쓴 《월든》이나 《시민의 불복종》 같은 책들은 이후에 간디, 톨스토이, 마틴 루터 킹을 비롯한 많은 사상가와 혁명가들에게 큰 영향을 끼쳤다.

'토지 윤리의 아버지'로 불리는 알도 레오폴드도 중요한 사람이다. 《모래군의 열두 달》이라는 유명한 책을 썼다. 사람은 다른 동물, 식물, 토지와 조화롭게 어울려 서로 의존하면서 살아야 하고, 사람과 마찬가지로 땅을 사랑과 존경의 마음으로 대해야 한다고 주장했다.

존 뮤어는 세계 최초로 국립 공원을 지정하도록 함으로써 세계 자연 보호 운동에 불을 붙인 사람이다. 세계 최초의 환경 운동 단체인 '시에라 클럽'을 만든 사람이기도 하다.

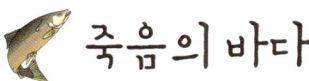

죽음의 바다

지난 2010년 4월 20일, 30대 후반의 크리스토퍼는 미국 남부 멕시코만 앞바다에서 땀을 뻘뻘 흘리며 일하고 있었어. 그가 일하던 곳은 바다 밑에 묻혀 있는 석유를 퍼 올리기 위해 해상에 설치해 놓은 거대한 석유 시추 시설이었어. 작업을 바다 위에서 하기 때문에 무척 힘든 일이었지.

그런데 갑자기 '쾅!' 하는 소리와 함께 엄청난 폭발이 일어났어. 동시에 일하는 곳 전체가 순식간에 시뻘건 불길에 휩싸이고 말았지. 한창 정신없이 일하고 있던 크리스토퍼는 갑작스런 폭발의 충격에 그만 정신을 잃고 말았어. 한참이 지나 간신히 정신을 차리고 보니 육지의 어느 병원 응급실이었어. 몸이 튕겨 나가면서 어디에 세게 부딪혔는지 다리는 부러졌고, 팔에는 큰 화상까지 입은 끔찍한 상태였어.

그런데 더 슬프고 놀라운 소식이 크리스토퍼를 기다리고 있었어. 그 폭발 사고로 같이 일하던 동료가 열한 명이나 죽었고, 자기처럼 다친 사람도 열일곱 명이나 된다는 거야.

이게 바로 역사상 가장 커다란 바다 오염 사고로 기록된 멕시코만 기름 유출 사고야. 사람이 죽고 다친 것도 문제였지만, 사고로 바다 밑바닥까지 깊숙이 박아 놓은 석유 파이프가 부서진 탓에 기름이 끝도 없이 뿜어져 나왔어. 바다 위를 떠다니는 배에서 사고가 난 거라면 바다 표면의 기름만 걷어 내면 되겠지. 하지만 이 사고의 경우는 바다 속에서 기름이 뿜어져 나오기 때문에 사고를 수습하기가 보통 어려운 일이 아니었어.

가까스로 기름이 새어 나오는 파이프의 구멍을 막은 건 사고가 일어난 지 다섯 달이나 지나서야. 하지만 이미 때는 늦었지. 그 사이에 새어 나온 엄청난 양의 기름이 미국 남부 해안 전체와 멕시코만 전체로 퍼져 나가는 바람에 천문학적인 피해가 발생했거든. 그 엄청난 피해를 온전히 복구하려면 아마도 수십 년은 걸릴 거라는 게 전문가들의 예측이야.

피해는 바다 생태계가 결딴나는 데서 그치는 것이 아니었어. 사고가 난 곳 근처에 있는 플로리다주는 세계적인 여름 휴양지로 이름난 곳이야. 그래서 관광업이 아주 중요한 곳인데, 사고로 바다와 해변이 엉망진창이 되자 수많은 사람이 관광 예약을 취소했고 그 바람에 수십만 명이 일자리를 잃기도 했지.

또 북아메리카에서 가장 큰 강으로 멕시코만으로 흘러드는 미시시피강의 하류는 미국에서도 아주 중요한 수출 통로야. 그런데 이곳 근처에서 사

바다 오염의 대명사, 엑손 발데스 호 사고

멕시코만 사고가 일어나기 전까지 가장 악명 높았던 바다 기름 유출 사고는 1989년 3월 미국 알래스카 앞바다에서 발생한 엑손 발데스 호 사고다. 엑손 발데스라는 이름의 유조선이 20만 톤이 넘는 원유를 싣고 항해하다가 암초에 걸려 좌초돼서 일어난 사고다. 이 사고로 배에서 흘러나온 기름이 알래스카 해안을 뒤덮었고, 그 결과 수십만 마리의 물고기와 바닷새, 수천 마리의 해달과 같은 바다 동물이 떼죽음을 당했다.

3년여에 걸친 기름 제거 작업으로 생태계가 겉으로는 복원된 것처럼 보이지만, 사고 이전에 비해 물고기가 잘 잡히지 않는 등 지금까지도 피해가 계속되고 있다. 이 사고는 선박에 의한 바다 오염 사고의 상징으로 손꼽히고 있다.

고가 나 버렸으니 농산물과 물품 운송을 제대로 할 수 없게 되었어. 뿐만이 아니야. 사고가 난 곳 근처는 물고기 외에도 새우, 게, 굴 등이 많이 나는 곳으로 유명해. 그런 곳이 온통 기름으로 뒤덮여 버렸으니 어떻게 됐겠니? 해산물 생산량이 급속도로 줄어들 수밖에 없겠지? 한마디로 미국 경제 전체와 국민 모두가 막대한 피해를 본 거야.

미국에서는 이전에도 엑손 발데스 호 사고라는 커다란 바다 기름 오염 사고가 터진 적이 있어. 그래서 미국에서 기름과 관계된 이런 대형 사고가 자꾸 터지는 이유가 뭔지 궁금해지기도 해. 어쩌면 미국이란 나라가 세계에서 석유를 가장 많이 소비하는 탓에 그 대가를 치르는 건지도 모르겠어.

어쨌든 멕시코만 기름 유출 사고는 대형 바다 오염 사고가 한번 터지면 회복하기가 너무 힘들 뿐 아니라 자연과 사람 모두에게 돌이키기 힘든 재앙을 안겨 준다는 것을 다시 한 번 뚜렷이 보여 주고 있단다.

저주의 운하가 된 사랑의 운하

미국 오대호의 유명한 나이아가라 폭포 근처에 '러브 캐널Love Canal'이라는 이름의 운하가 있어. 이름이 예쁘지? '사랑의 운하'라는 뜻이니 말이야. 그런데 이 러브 캐널이 환경 재난으로 '저주의 운하'로 바뀌고 말았단다.

이 운하는 건설 도중에 경제 불황이 닥치는 바람에 작업이 중단된 상태로 방치되고 있었어. 그런데 미국의 어느 화학 회사가 1942년부터 1950년까지 공장에서 나온 유독성 화학 폐기물 2만 톤을 철제 드럼통에 넣어 이 운하에 묻어 버렸어. 이 회사는 그러고 나서 1953년에 이 땅을 그 지역의 교육 업무를 맡고 있는 시 교육 위원회에 기증했고, 그 뒤 그곳에는 학교와 주택이 세워졌지.

처음엔 별 문제가 없었어. 그런데 10년이 지나자 이상한 현상들이 나타나기 시작했어. 건물 지하실에서 가스가 새어 나오고, 하수구에서는 검은 액체가 흘러 나오고, 지역 주민들은 피부병, 두통, 심장질환, 천식, 간질 등에 시달리게 된 거야. 태아가 엄마

스리마일 섬 원자력 발전소 사고

미국에서 일어난 환경 사고 중에서 또 하나 유명한 것은 스리마일 섬 원자력 발전소 사고다. 1979년 3월 펜실베이니아 주에 있는 스리마일이라는 섬의 원자력 발전소에서 냉각 장치가 망가지면서 핵연료가 바깥으로 새어 나왔다. 다행히 치명적인 방사능이 그리 많이 누출되지는 않아 사람이 죽지는 않았지만, 최첨단 과학 기술을 자랑하는 미국에서 일어난 사고였기에 충격은 대단히 컸다. 환경 오염도 덜 시키고 비용도 적게 든다는 이유로 당시 인기가 높아지고 있던 원자력 발전에 대한 시각이 이 사고로 많이 바뀌게 되었다. 그 결과 당시 진행되던 원자력 발전소 건설 계획들이 대거 취소되었고, 원자력 발전에 대한 일반 시민들의 불신도 급격히 높아졌다.

몸에서 죽어서 나오거나 기형아가 태어나는 경우도 부쩍 많아졌지.

　조사 결과 화학 회사가 버린 폐기물에서 나온 유독 물질로 지하수와 땅이 오염된 사실이 밝혀졌어. 이에 미국 정부는 이곳을 환경 재난 지역으로 선포하고 주민들을 다른 곳으로 이주시켰어. 그리고 학교도 모두 문을 닫았지. 그 뒤 이 지역을 건강한 상태로 회복시키려고 많은 돈을 쏟아 부었으나 지금까지 사람이 들어가기 힘든 상태로 남아 있어.

　하지만 이 사고는 미국 환경 정책에 변화를 일으키기도 했어. 이 사고에서 큰 교훈을 얻은 미국 정부가 이런 불상사가 발생했을 때 문제를 빨리 해결하기 위해 '슈퍼 펀드'라는 정부 기금을 만들었거든. 그 뒤 미국 정부는 이 돈으로 수많은 지역의 환경 실태를 조사하고 오염이 확인된 곳에서는 오염 물질을 제거하는 작업을 벌였어.

미국은 세계에서 가장 돈도 많고 힘도 센 나라지. 하지만 아무리 그렇다 해도 환경 사고는 일어나기 마련이야.

특히 환경의 중요성을 얕잡아보고 환경에 대해 무지하면, 그래서 평소에 철저히 대비하지 않고 문제를 미리 예측해서 사전에 예방하지 않으면, 언제 어디서든 환경 재난과 사고를 피할 수 없어.

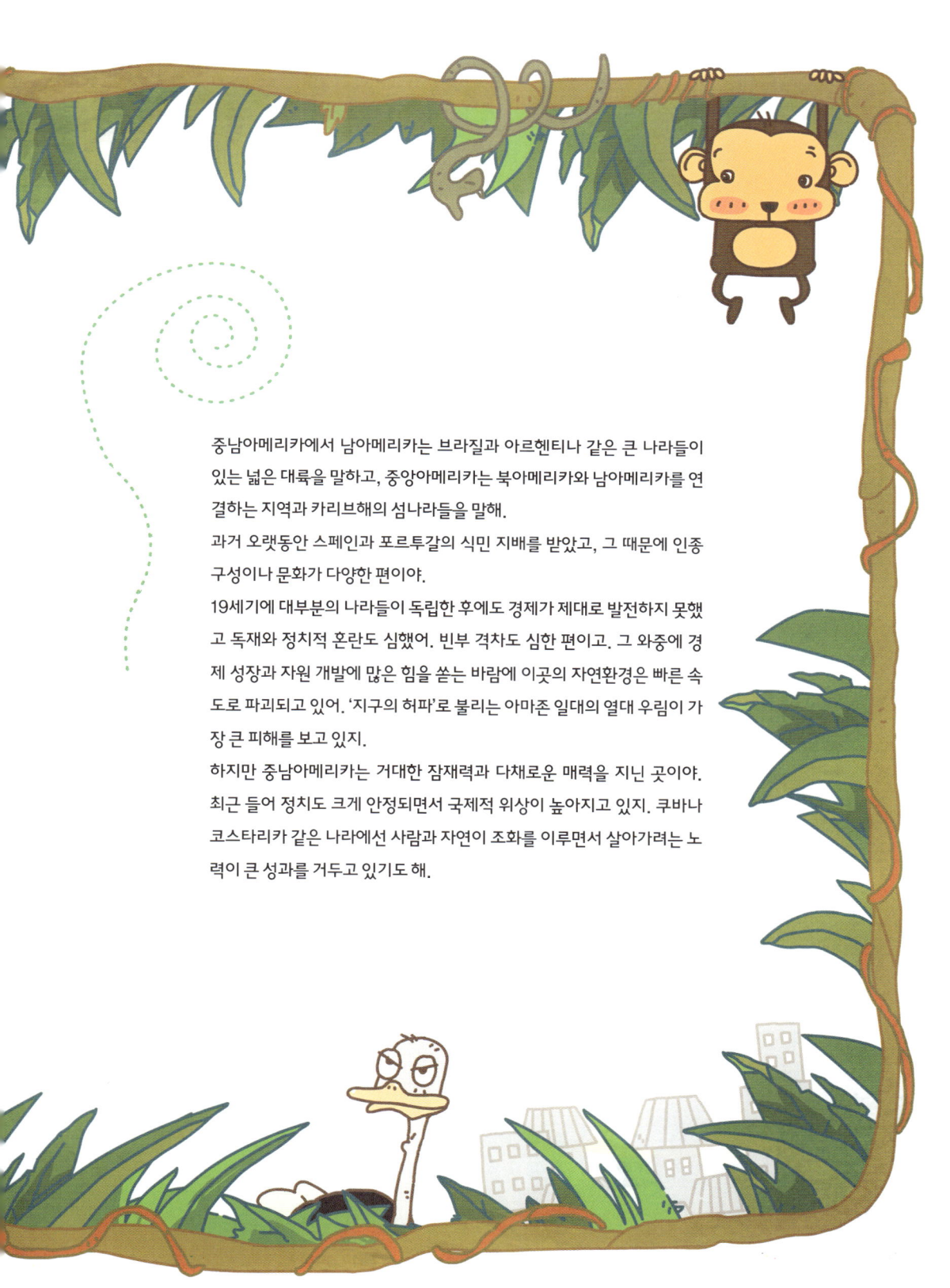

중남아메리카에서 남아메리카는 브라질과 아르헨티나 같은 큰 나라들이 있는 넓은 대륙을 말하고, 중앙아메리카는 북아메리카와 남아메리카를 연결하는 지역과 카리브해의 섬나라들을 말해.

과거 오랫동안 스페인과 포르투갈의 식민 지배를 받았고, 그 때문에 인종 구성이나 문화가 다양한 편이야.

19세기에 대부분의 나라들이 독립한 후에도 경제가 제대로 발전하지 못했고 독재와 정치적 혼란도 심했어. 빈부 격차도 심한 편이고. 그 와중에 경제 성장과 자원 개발에 많은 힘을 쏟는 바람에 이곳의 자연환경은 빠른 속도로 파괴되고 있어. '지구의 허파'로 불리는 아마존 일대의 열대 우림이 가장 큰 피해를 보고 있지.

하지만 중남아메리카는 거대한 잠재력과 다채로운 매력을 지닌 곳이야. 최근 들어 정치도 크게 안정되면서 국제적 위상이 높아지고 있지. 쿠바나 코스타리카 같은 나라에선 사람과 자연이 조화를 이루면서 살아가려는 노력이 큰 성과를 거두고 있기도 해.

황무지에서 일구어 낸 기적의 마을, 콜롬비아 가비오따쓰

일찍이 1970년대 초부터 나무 한 그루 없는 황무지에 기적을 일구며 '인류의 미래는 이런 곳이다.'라는 찬사를 듣는 마을 사람들이 있단다. 남미 콜롬비아의 사막 같은 사바나 지역에 울창한 숲을 가꾸고 사람과 자연이 조화롭게 어울려 살아가는 '가비오따쓰'라는 공동체를 만든 사람들이 그 주인공이야.

그런데 콜롬비아는 전쟁과 폭력, 범죄와 마약이 기승을 부리는 나라란다. 정부군과 반군이 50년 동안이나 내전을 벌이는 통에 수많은 사람이 살해당하고 납치당하고 실종되는 곳이지. 가난에 찌든 많은 농민이 먹고살기 위해서 마약을 재배하는 곳이기도 하고.

이런 현실에 절망한 이들이 새로운 희망을 찾아 나서는 것은 자연스러운 일이라고 볼 수 있겠지? 하지만 가비오따쓰 사람들이 소망했던 것은 물질적으로 풍요로운 서구식 세상이 아니었어. 이들이 진정으로 바란 것은 돈을 많이 벌고 값비싼 물건을 많이 가진 부자가 되는 게 아니었거든. 오히려 자연 속에서 평화롭고 소박하게 사는 데서, 그리고 다른 사람과 경쟁하고 그 경쟁에서 이겨 출세하기보다는 서로 돕고 의지하며 사는 데서 행복을 찾는 사람들이었지.

문제는 자신들이 본래 살던 곳에서는 이런 꿈을 이루기가 너무 힘들었다는 거야. 모든 게 이미 너무 꽉 짜여 있고 기존의 질서가 너무 단단하게 굳어져 있기 때문이지. 그래서 새로운 실험은 새로운 장소에서 이루어질 수밖에 없었어.

메마른 풀과 더러운 물, 말라리아모기가 들끓던 척박한 땅에서 이들이 가장 먼저 한 일은 거대한 숲을 가꾸는 거였어. 자연부터 되살리는 것이 다른 어떤 일보다 시급하고 중요하다고 생각한 거지. 그렇게 해서 황폐한 땅이 울창한 숲으로 바뀌자 주변 생태계도 덩달아 회복되었고, 적도의 뜨거운 열기도 막을 수 있게 되었어.

또한 이들은 자연의 질서를 거스르지 않는 갖가지 기술과 도구들을 만들어 냈어. 석유가 아닌 태양열 에너지를 사용했고, 흙이 아닌 물과 특수 배양액으로 식물을 키우는 수경 재배법을 개발해 먹을거리를 자급자족했지.

기발한 발명품들도 많아. 적도의 바람을 에너지로 바꿔 주는 풍차, 자동으로 물속의 세균을 제거하는 태양열 주전자, 아이들의 시소를 이용해 만든 효율 높은 펌프, 지구 온난화의 주범인 프레온 가스를 전혀 사용하지 않는 친환경 태양열 냉장고, 옥상 농장 등이 대표적인 것들이지.

사람들이 사는 방식도 남다르단다. 여기서는 돈이 많든 적든 직업이 무엇이든 사람을 차별하지 않기 때문에 모두가 자기가 잘 할 수 있고 하고 싶은 일을 즐겁게 해. 과거에 대학교수나 의사였던 사람도, 도시의 거리에서 동냥하던 아이들도, 토착 원주민 인디오들도 같은 액수의 월급을 받아.

월급 액수는 적지만 사는 데 지장이 없는 이유는 숙소와 음식, 교육, 병원 치료 같은 것들이 무료로 제공되기 때문이야.

또한 여기서는 누구도 남들보다 더 많이 소유하려 하지 않고, 누구에게 지시를 내리거나 누구한테서 지시를 받는 일도 없어. 자신의 뜻과 생각대로 모든 것을 결정하고, 함께 고민하고 의논하면서 더 나은 해답을 찾아가는 것이 이 마을 사람들이 사는 방식이지. 200명가량의 이 마을 사람은 이렇게 살면서 깊은 만족과 평화를 얻고 있어.
　이런 모습을 보면서 많은 사람이 가비오따쓰는 인간이 세상을 어떻게 재창조할 수 있는지를 보여 주는 살아 있는 증거라고 평가하고 있단다.

비록 아주 적은 수의 사람이 만든 작은 공동체지만 많은 세상 사람에게 '야, 이렇게 살 수도 있구나.' 하는 새로운 용기와 상상력을 불어넣어 주고 있는 거지.

가비오따쓰를 만든 주역 중 한 사람인 파올로 루가리의 얘기를 한번 들어 볼까?

"계속 꿈꾸어야 합니다. 만약 꿈을 꾸지 않는다면 여러분은 잠들어 있는 겁니다. 진정한 위기는 자원의 부족이 아니라 상상력의 부족입니다."

꿈의 도시, 브라질 꾸리찌바

브라질 남부의 파라나주에 가면 인구 200만 명 정도의 꾸리찌바라는 도시가 있어. 브라질 남부 지역에서는 인구도 가장 많고 경제 규모도 꽤 큰 곳이지. 하지만 이 도시가 유명한 건 그런 것 때문이 아니야.

이 도시가 어떤 곳인지는 세계 사람들이 꾸리찌바에 보내는 다음과 같은 찬사들만 들어 봐도 짐작할 수 있어. 세계인들이 가장 가고 싶어 하는 10대 도시로 해마다 선정되는 도시, 지구에서 환경적으로 가장 올바르게 사는 도시, 희망과 웃음의 도시, 그리고 꿈의 도시.

하지만 이런 칭찬을 듣는 꾸리찌바도 1970년대 초까지는 그저 그런 평범한 도시였어. 세계의 여느 큰 도시들과 마찬가지로 무분별한 도시 개발과 팽창이 낳은 골칫거리들이 한두 가지가 아니었거든. 그러다 이 도시가 크게 바뀌기 시작한 건 1970년대 초에 자이메 레르네르라는 시장이 등장하면서부터야.

그는 새로운 아이디어를 쏙쏙 내놓으면서 과거와는 아주 다른 정책들을 열성적으로 펼쳤어. 이를 통해 도시가 실제로 새로운 모습을 착착 갖추자 시민들도 그냥 팔짱 끼고 구경만 하는 것이 아니라 새로운 도시 만들기에 적극적으로 나서게 됐지.

이 도시에서 가장 큰 주목을 받는 것은 교통과 환경 분야야. 사실 이 두 가지는 일상의 도시 생활에서 가장 중요한 분야지. 꾸리찌바는 한마디로 대중교통의 천국이라고 할 수 있어. 도로망과 토지 이용을 하나로 묶어서 사람들이 편리하게 이용할 수 있는 정교한 버스 교통망을 만들고, 우리 돈으로 700원만 있으면 아무리 많이 갈아타도 추가 요금을 낼 필요가 없는 서민 요금제를 실시하고 있지.

흔히들 도시 교통 문제의 해결책을 손쉽게 지하철에서 찾는 경우가 많아. 하지만 꾸리찌바는 지하철 건설비의 100분의 1에 불과한 적은 비용으로 전체 시민의 대중교통 이용률이 80퍼센트가 넘는 대중교통 시스템을 만들었어. 나아가 꾸리찌바는 걷는 사람과 자전거 이용자를 먼저 배려하는 사람 중심의 도시를 만들기 위해서도 많은 노력을 기울이고 있어.

환경 분야의 성과도 눈부셔. 녹지 면적만 보더라도 1970년대 초에 비해 무려 100배 이상이나 늘었대. 대단하지? 맑은 물이 흐르는 작은 도랑 만들기, 공원과 호수 만들기, 쓰레기 줄이기와 재활용하기와 같은 다양한 활동도 줄기차게 펼치고 있지.

꾸리찌바의 특이한 환경 정책들 가운데 재미난 것 하나만 알려 줄게. '쓰레기가 아닌 쓰레기'라는 이름의 재활용품 수거 프로그램이 그거야. 이 프로그램은 쓰레기를 분리해서 가져가면 식료품으로 바꿔 주는 거야. 사람들은 돈 없이도 음식을 구할 수 있으니 좋고, 쓰레기가 줄어들고 재활용도 잘 되니 환경에도 좋지 않겠니?

또 꾸리찌바의 많은 동네에는 '지혜의 등대'란 게 있어. 도서관인데, 공부방과 행사장 등 다른 용도로도 쓰이는 복합 문화 공간이지. 여기서 주민들은 딴 데로 멀리 가거나 돈을 들일 필요 없이 맘껏 책도 읽고 공부도 하고 갖가지 모임과 행사도 여는 거야. 이 지혜의 등대는 문화생활을 제대로 누리기 어려운 가난한 사람들을 위한 꾸리찌바의 여러 정책들 가운데 하나기도 해.

이처럼 꾸리찌바를 꿈의 도시로 만들어가는 커다란 기둥은 두 가지라고 할 수 있어. 사람과 환경이 바로 그것이지. 빌딩과 자동차를 위한 도시가 아니라 인간과 자연이 주인공인 도시. 바로 이런 도시를 직접 보고 배우기 위해 오늘도 세계 각지에서 수많은 사람이 꾸리찌바를 찾고 있단다.

 평화와 자연의 천국, 코스타리카

코스타리카라는 나라 이름을 들어 봤니? 아무래도 좀 낯선 나라지? 코스타리카는 전체 아메리카 대륙 가운데쯤에 있는 조그만 나라인데, 평소에 특별한 뉴스가 전해지는 나라가 아니거든. 하지만 이 나라는 아주 특별한 두 가지 특징을 가지고 있어. 하나는 군대가 없는 나라라는 것이고, 다른 하나는 자연으로 잘 먹고 잘사는 나라라는 점이야.

코스타리카는 오래전 내전을 겪으면서 평화가 얼마나 소중한지를 절실히 깨달았어. 그래서 일찍이 1949년에 평화 헌법을 만들어 군대를 영원히 없애 버렸단다. 그리고 이미 20년 전부터 공업과 같은 산업을 발전시키기보다는 자연환경을 잘 보존하고 활용해 잘사는 나라를 만들겠다는 것을 가장 중요한 국가 정책으로 삼고 있단다.

코스타리카는 국토 면적에 비해 아주 풍성한 천혜의 생물 자원을 갖고 있어. 국토 면적은 세계 전체의 0.03퍼센트에 불과할 정도로 작지만 전 세계 동물의 5퍼센트가 이 나라에 서식하고 있을 정도야. 그럴 수 있는 이유는 이 나라가 북아메리카와 남아메리카 사이, 그리고 태평양과 대서양 사이, 다시 말하면 두 개의 큰 대륙과 두 개의 큰 바다가 교차하는 지점에 자리 잡고 있기 때문이야. 생물 다양성이 풍부해질 수 있는 자연적·지리적인 조건을 갖추고 있는 셈이지.

중요한 것은, 이 나라 국토의 40퍼센트가 원시림인데 전체 국토의 25퍼

센트를 정부가 자연 보호 구역으로 지정해서 철저히 관리하고 있다는 점이야. 땅 주인이 일반 사람인 경우도 숲과 강을 잘 보전하면 정부가 보상을 해 주기도 하고.

덕분에 코스타리카의 숲 면적은 지난 20년 사이에 두 배로 늘어났고, 세계 각지에서 수많은 관광객이 이처럼 잘 보존된 자연을 만나려고 이 나라를 찾아오고 있어. 그 결과 이러한 생태 관광은 이 나라의 가장 중요한 수입원이 되고 있지.

중남아메리카의 대다수 나라들이 산업화와 개발을 위해 자연환경을 파괴하고 있는 데 반해 코스타리카는 1990년대부터 산업 활동에서 발생하는 환경 파괴에 비용을 매겨왔어. 그래서 1997년부터는 석유나 석탄과 같은 화석 연료를 사용하는 경제 활동에 탄소세라는 세금을 매기기 시작했지. 탄소세란, 지구 온난화를 억제하려고 이산화탄소와 같은 온실가스를 배출하는 경제 활동에 부과하는 환경 세금의 일종이야. 이렇게 거둬들인 세금은 산림 보호 기금을 만들거나 가난한 사람들의 삶의 질을 높이는 데 사용하고 있고.

더더욱 주목할 것은 동부 해안에서 유전을 찾아냈지만 정부가 석유를 뽑아 올리는 것을 아예 금지시킨 일이야. 산유국이 되는 길을 스스로 포기한 거지. 대부분의 나라가 석유를 조금이라도 더 많이 확보하려고 안달복달하는 마당에 놀라운 일이 아닐 수 없어. 대신에 코스타리카는 수력, 풍력과 같은 친환경적인 에너지에 투자했어. 그 결과 지금 코스타리카는 전체 에너지의 거의 대부분을 재생 가능 에너지에서 얻고 있어.

이런 실험이 성공할 수 있었던 것은 정치가 안정된 덕분이기도 해. 군대를 없앨 만큼 평화를 사랑하는 마음이 확고하기 때문에 다른 중남아메리카의 나라에서 자주 벌어지는 분쟁이나 정치적 혼란 같은 것이 이 나라에는 없거든. 또한 다른 나라 같으면 국방비에 들어갔을 엄청난 예산을 교육과 복지, 자연 보호에 사용하기도 해.

시민들이 "자연 보호는 우리의 임무가 아니라 삶입니다."라고 말하는 나라. "소총을 버리고 책을 갖자.", "트랙터가 전차보다 중요하다.", "농민도 바이올린을 연주하자."라는 표어를 내거는 나라. 다른 나라에서는 찾아보기 힘든, 코스타리카만의 특별한 모습이야.

석유 개발이냐, 집단 자살이냐! 안데스 우와 족 이야기

석유를 개발하느니 차라리 부족 전체가 자살하겠다고 한 아마존 부족이 있단다.

남미 안데스산맥 깊은 곳의 아마존 열대 우림에서 살아가는 우와족이라는 부족이 바로 그들이야. '우와'란, 이 부족 말로 '명상한다.'라는 뜻인데, 이들은 이 이름처럼 수천 년간 명상을 바탕으로 이웃 부족과는 물론 자연과도 평화롭게 공존해 왔어. 그래서 이들에겐 어머니와 같은 지구와의 조화로운 삶이 그 무엇보다 중요하단다.

이들은 여름 한철 세 달 동안은 온전한 식사를 하지 않고 단식을 해. 숲에 불을 질러 논밭을 만들면 얼마든지 많은 식량을 생산할 수 있을 텐데, 이들은 왜 이렇게 할까? 그건 숲과 땅을 보호하기 위해서야. 어머니 지구에 상처를 입히지 않고 대신에 부족한 식량으로 생존하려고 모두가 함께 굶는 길을 선택한 거지.

이런 우와족에게 어두운 그림자가 드리우기 시작한 건 지난 1995년이야. 미국의 거대 석유 회사가 우와족 거주지에서 석유 개발을 추진하면서부터였지. 이때부터 수천 년을 이어 오던 평화가 깨지기 시작했어. 이 소식이 알려지자 우와족은 '석유를 뽑아내려고 땅에 구멍을 뚫는 것은 우리 몸에 구멍을 뚫어 피를 빼내는 것이나 마찬가지'라며 석유 개발에 저항하기 시작했어.

그런데 갖은 노력에도 불구하고 석유 개발 움직임은 멈추지 않았어. 그러자 이들은 1997년에 만약 석유 시추_{지하자원을 탐사하거나 지층의 구조나 상태를 조사하려고 땅속에 깊이 구멍을 파는 일}가 시작될 경우 6천 명 정도인 부족민 전체가 400미터 높이의 절벽에서 뛰어내려 집단 자살하겠다고 선언하기에 이르렀어.

이건 빈말이 아니야. 이들의 조상은 실제로 400여 년 전 스페인이 침략했을 때 백인의 노예로 끌려가는 것을 거부하고 스스로의 존엄성을 지키겠다며 집단 자살을 한 적이 있거든.

그런데 우와족이 많은 사람의 주목을 받은 건 단순히 충격적인 집단 자살 선언 때문만은 아니야. 이들이 세계를 향해 환경 파괴가 초래할 비극적 재앙을 온몸으로 경고하고 있기 때문이야. 이들은 이렇게 말하고 있어.

"우리가 대지에서 난 음식을 먹는 것은 아이가 엄마의 젖을 먹는 것과 같은 것입니다. 엄마가 병들면 그 젖을 먹는 아이도 병들지요. 석유 개발은 우리에게 젖을 주는 우리의 어머니인 지구를 오염시키는 것과 같습니다. 지구가 오염되면 우리도 안전하지 못합니다. 석유 개발을 통한 산업 발전이 당장은 이익을 줄지 모르지만 결국은 우리의 목숨을 지탱하는 생명줄을 끊게 될 것입니다."

우와족이 석유 개발을 반대하는 과정에서 희생도 컸단다. 이들을 도와주던 변호사 한 명과 환경 운동가 세 명이 납치돼 살해됐고, 평화 시위를 벌이던 중에 우와족 어린이 세 명이 진압 군대가 쏜 최루탄을 피하려다 물에 빠져 죽기도 했지. 이런 비극을 겪으면서도 이들의 끈질기게 저항을 한거지.

이런 우와족의 한 지도자가 '지구촌 형제들'에게 전하는 얘기를 한번 들어 볼래?

"도시에 살더라도 가끔은 자연과 교감을 나눌 것을 권합니다. 숲을 보러 가세요. 누가 부자일까요? 우리 생각엔 자연과 더불어 사는 사람이 부자입니다. 현대인들의 눈에는 우리가 미개인으로 보일지 모르지요. 하지만 우리는 너무나 행복하답니다. 우와족은 정글에서 지식을 얻고 배웠습니다. 도시가 아니라 나무와 새와 풀벌레가 우리를 가르쳤습니다."

리우 회의와 지속 가능한 발전

브라질 동남부 해안 지역에 있는 리우데자네이루라는 도시는 오스트레일리아의 시드니, 이탈리아의 나폴리와 함께 세계에서 가장 아름다운 3대 항구 도시로 손꼽히는 곳이야. 한때 브라질의 수도이기도 했었지.

여기서 지구 환경을 지키기 위해 인류 모두가 협력하고 노력할 것을 다짐하는 큰 국제회의가 열린 적이 있어. 1992년 6월이었지. 이 도시의 이름을 줄여서 '리우 회의'라고 한 이 회의는 전 세계에서 각 나라의 정부 대표들은 물론 민간 시민 단체 사람도 대거 참여한 사상 최대 규모의 회의였어.

여기서 채택된 게 '리우 선언'이라는 건데, 이 선언은 이후에 지구 환경 보전을 위한 여러 국제적 합의나 협약의 가장 중요한 원칙이 되었어.

지구 생태계를 보전하려고 각 나라와 일반 시민이 무엇을 어떻게 해야 하는가를 밝힌 것이 핵심 내용이지. 환경 파괴 행위에 대해 책임을 어떻게 지울 것인지, 환경 문제로 일어나는 분쟁은 어떻게 해결할 것인지 등에 대한 내용도 담겨 있고.

이 회의에서는 '의제 21'이라는 것도 채택되었어. 용어가 좀 낯설지 모르겠는데 그리 어려운 건 아니야. '리우 선언'이 기본 원칙이라면 '의제 21'은 그 원칙을 실현할 방안을 담은 상세한 행동 지침이자 실천 프로그램이라고 생각하면 돼.

이 '의제 21' 또한 이후에 각 나라의 정부가 환경 정책을 펼치거나 일반 시민들이 환경 운동을 벌이는 데 구체적이고 실질적인 나침반 역할을 하고 있어.

그런데 '리우 선언'과 '의제 21'에서 자주 등장하는 말이 '지속 가능한 발전'이라는 거야. 이 말은 환경 문제를 얘기할 때 단골로 쓰기 때문에 알아 두면 좋을 거야.

이 말을 알기 쉽게 설명하면 발전을 하고 개발을 하더라도 환경을 고려하면서 해야 한다는 거야. 그러니까 지금 우리가 우리의 필요에 따라 경제 성장과 발전을 하더라도, 자연을 지나치게 파괴하거나 미래의 후손들이 누려야 할 몫까지 손상시키면 안 된다는 거지. 경제뿐만 아니라 자연 자원을 포함한 지구 생태계 전체가 앞으로도 건강하게 지속되어야 한다는 것을 강조하기 때문에 '지속 가능한 발전'이라 불러.

이 말이 널리 퍼지게 된 것은 1987년 유엔의 어느 위원회가 펴낸 〈우리 공동의 미래〉라는 유명한 보고서에서 이 말을 사용하면서부터였어.

그러다 1992년 리우 회의에서 수많은 세계 사람이 지구 환경 보

국제 환경 협약엔 어떤 것들이 있을까?

국제 환경 협약이란, 지구 환경 문제에 대처하려고 나라들 간에 협의를 거쳐 맺는 국제적 약속을 말한다. 이러한 협약은 그 수가 수백 개에 이른다. 그 가운데 중요한 몇 가지를 소개하면 다음과 같다.

- 몬트리올 의정서: 오존층 파괴 물질을 줄이기 위한 협약.
- 런던 협약: 해양 오염을 막기 위한 협약.
- 유엔 기후변화 협약: 지구 온난화를 막고 온실가스 배출을 줄이기 위한 협약.
- 바젤 협약: 유해 폐기물의 나라 간 이동과 처리를 통제하기 위한 협약.
- 생물 다양성 협약: 생물종 파괴를 막고 생물종 다양성을 보전하기 위한 협약.
- 람사르 협약: 갯벌과 같은 습지를 보호하기 위한 협약.

전을 위한 중요한 원칙으로 합의하게 된 거야.

한 가지 참고할 것은, 이 지속 가능한 발전이 실제 현실에서는 자연환경의 지속 가능성보다는 경제 발전의 지속 가능성을 더 강조하는 쪽으로 사용되는 경향이 있다는 점이야.

어쨌든 전 세계에서 온 다양한 사람이 한곳에 모여서 지구 환경을 지키자는 데 한목소리를 낼 수 있었던 것은 그만큼 지구 환경이 심각한 위기에 빠졌기 때문이야. 특히 황사나 지구 온난화를 보면 잘 알 수 있듯이 환경 문제라는 것 자체가 하나의 국가나 특정 지역만의 일이 아닌 만큼 지구상에서 살아가는 모든 사람과 모든 나라가 더불어 힘과 지혜를 모으는 것이 갈수록 중요해지고 있어.

'지구의 허파', 아마존의 눈물

내 이름은 보뚜야. 돌고래의 일종이지. 아름다운 분홍색을 띠고 있기 때문에 사람들은 나를 분홍돌고래라 불러. 내가 사는 아마존에는 수많은 신화와 전설이 먼 옛날부터 전해 내려오는데 대부분의 주인공은 바로 나야.

나는 남자로도 여자로도 둔갑할 수 있는 신비로운 능력을 갖고 있어. 그렇게 감쪽같이 변신해서 사람의 넋을 빼앗고 그 사람을 아마존의 깊은 강물 속에 있는 황홀한 수중 도시 엥깡찌로 데려가곤 해. 남자로 변신한 나와 사랑에 빠져 아기를 낳은 여자도 있고, 한번은 여자로 변신해 혼자 배에 올라가 햇볕을 쬐고 있었더니 주변의 남자들이 내 모습에 반해 나를 막 따라다니기도 했지.

아마존 사람들은 나를 두고 이렇게 말한대.

"물속에 혼자 있을 때 보뚜가 다가오면 정신을 바짝 차리세요. 보뚜는 물속에 엥깡찌로 통하는 구멍을 내고 그곳으로 당신을 끌어들여요. 당신을 유혹해요. 조심해야 돼요."

또 나를 신성한 동물로 여기는 아마존 원주민들은 나를 죽이면 불행이 찾아온다고 믿고 있대.

세계적인 희귀 동물로서 아마존에서만 볼 수 있는 이 신비의 동물 분홍돌고래가 요즘 들어 큰 수난을 당하고 있어. 사람들이 돈벌이에 도움이 된다고 마구 잡아들이기 때문이지. 돌고래 자체를 고기로 먹기 위한 게 아니라, 사람들이 아주 좋아한다는 피라카팅가라는 물고기를 잡는 데 미끼로 쓰

기 위해서야. 메기의 일종인 피라카팅가는 죽은 생명체의 고기를 잘 먹는데, 분홍돌고래의 기름기 많은 고기를 특히 좋아하거든. 그래서 며칠 고생해서 분홍돌고래 몇 마리만 잡으면 브라질 사람들의 한 달 치 월급보다 훨씬 더 많은 돈을 손에 쥘 수 있는 거야.

그런데 아마존에서 수난을 겪는 것은 분홍돌고래만이 아니야. 무엇보다 아마존을 뒤덮고 있는 광대한 열대 우림이 급속도로 파괴되고 있는 게 가장 큰 문제야. 아마존 열대 우림은 지구 전체 산소의 20퍼센트를 공급할 정도로 중요한 역할을 하기 때문에 '지구의 허파'로 불려. 헤아릴 수 없이 많은 동식물이 깃들어 있는 생물 다양성의 천국이기도 하고, 수많은 원주민이 고유한 전통과 언어, 생활 방식을 간직하면서 살아가는 문화 다양성의 보고이기도 하지.

이처럼 인류 모두의 소중한 자산인 아마존 열대 우림이 최근 30~40년 사이에 20퍼센트나 사라졌어. 그러니 그 속에서 살아가는 동식물도 빠르게 줄어들 수밖에 없고, 오랜 세월 아마존의 강과 숲에 의지해 살아오던 원주민들도 갈수록 살기가 힘들어지고 있어. 덩달아 분홍돌고래 이야기처럼 아마존에 얽혀 있는 수많은 신화나 전설들도 점차 사람들의 기억에서 사라지고 있고.

이렇게 된 원인은 뭘까? 가장 큰 원인은 소를 비롯한 가축을 대규모로 키우기 위해 숲을 베어 버리고 방목지를 만들기 때문이야. 여기에다 아마존 여기저기서 도로와 산업 시설을 만들고, 석유와 지하자원을 개발하고, 도시를 넓히다 보니 열대 우림이 급속하게 줄어들 수밖에 없는 거야.

세계에서 가장 긴 강인 아마존과 그 일대에 펼쳐진 세계에서 가장 울창한 원시림이 개발과 돈벌이에 눈이 먼 사람들 때문에 죽어 가고 있는 거지. 우리가 이곳 한국에서 들이마시는 공기 중엔 저 지구 반대편 아마존의 원시림이 만들어 낸 산소도 들어 있어. 그렇게 아마존과 우리는 연결돼 있어. 그래서 지금 아마존이 겪고 있는 일은 그저 먼 나라의 일이 아니라 곧 나의 일이라고도 할 수 있지.

아마존의 영웅, 치코 멘데스

아마존을 지키기 위한 활동을 많은 사람이 펼치고 있는데 그중에서 대표적인 사람이 '아마존의 영웅'으로 불리는 치코 멘데스다. 멘데스는 본래 아마존 일대에 많은 고무나무에서 수액을 채취하던 사람인데, 1960년대에 땅 소유주와 기업가들이 고무나무를 마구잡이로 베어 버려 살기가 힘들어지자 아마존 주민들의 권리를 보호하고 열대 우림을 지키는 운동에 나서기 시작했다. 인도의 칩코 운동처럼 나무를 사람들이 둘러싸서 벌목을 막는 평화적인 방식의 활동을 펼쳤다. 하지만 1988년 12월, 자신의 집 앞에서 죽임을 당하고 말았다. 그가 맞서 싸우던 땅 투기꾼과 개발업자들이 저지른 일이었다. 이 안타까운 죽음 이후 멘데스는 아마존의 영웅으로 떠올랐는데, 사실 지금도 아마존의 자연과 가난한 이곳 주민들을 위해 애쓰는 많은 사람이 큰 고통을 겪고 있다. 죽이겠다는 위협을 받는 경우도 종종 있다고 한다.

 유기농으로 도시를 경작하는 나라, 쿠바

한때 국민 대부분이 굶주림의 위기에 몰렸으나 10년도 안 되어 식량을 자급하게 된 나라. 세계에서 유일하게 농약과 화학 비료 없이 유기농으로 농사짓는 나라. 도시에서도 수많은 사람이 농사를 지으며 먹을거리를 생산하는 나라. 바로 쿠바 얘기란다.

쿠바는 미국 아래쪽에 위치한 카리브해에 있는 인구 천백만 명 정도가 사는 조그만 섬나라야. 그런데 사실 쿠바가 이런 나라가 된 건 스스로 원해서가 아니었어.

1989년 소련이 해체되면서 사회주의권 전체가 무너졌어. 그런데 쿠바도 사회주의 국가거든. 그동안 소련과 다른 사회주의 국가들에 크게 의존해 오던 경제가 갑자기 엄청난 타격을 받게 되었지. 게다가 평소에 쿠바를 눈엣가시처럼 여기던 미국이 쿠바를 무너뜨리려고 쿠바에 상품을 수출하는 것을 못 하게 금지해 버렸어.

그동안 쿠바는 사탕수수를 경작해 얻은 설탕 등을 소련을 비롯한 사회주의 나라들에게 비싼 값에 팔아 왔었어. 대신에 그 나라들로부터 식량과 석유 등을 아주 싼 값으로 들여오고 있었지. 그렇게 경제를 유지해 오고 있었는데, 식량과 석유는 물론이고 농사짓는 데 필요한 비료, 농약, 기계 부품 같은 것들도 갑자기 수입이 중단돼 버린 거야. 굶어 죽을지도 모른다는 불안과 공포가 삽시간에 퍼지면서 난리가 났지.

결국 다급해진 쿠바가 그야말로 살아남으려고 선택한 것이 유기농과 도시 농업이었어. 농약과 비료가 없으니 유기농을 할 수밖에 없었고, 당장 먹을 게 없으니 도시에서도 농사를 짓지 않을 수 없었지. 특히 도시를 경작하고자 하는 쿠바의 몸부림은 눈물겨운 것이었어.

도시 곳곳의 공터나 자투리땅은 물론이고 집 앞뒤의 마당과 발코니, 건물 옥상, 심지어는 빈 깡통 같은 데까지 흙을 채워 채소를 길렀지. 여기저기에 도시 농장도 최대한 많이 만들었고. 이러한 도시 농업은 먹을거리를 생산할 뿐만 아니라 새로운 일자리를 만들어 내는 데에도 커다란 도움이 되었어.

쿠바의 이러한 선택은 어쩔 수 없는 것이었지만, 전 세계적으로 식량 위기와 에너지 위기가 동시에 깊어가는 요즘 현실에서 아주 현명한 선택이 되었지.

그렇게 정부와 국민들이 절박한 심정으로 일치단결해 노력한 결과, 쿠바는 불과 10년 만에 대부분의 식량을 자급자족할 수 있게 되었어. 그것도 유기농법 덕분에 언제 어디서나 누구나 마음 놓고 음식을 먹을 수 있게 되었지.

물론 쿠바는 아직도 가난하고 여러 가지 문제를 안고 있어. 하지만 국가의 강력한 정책에 따라 교육과 의료가 거의 무료고, 그 수준 또한 선진국 못지않게 높아. 그래서 중남아메리카의 여러 나라로 의사와 교사를 많이 보내서 그 나라에 필요한 다양한 지원 활동을 펼치고 있지.

경제적으로 풍족하지는 않지만 기본적인 먹을거리가 보장된 데다, 실력과 의지만 있으면 돈이 없어도 하고 싶은 공부를 맘껏 할 수 있고, 갑자기 큰 병에 걸려도 별 걱정을 안 해도 되는 거야.

쿠바의 이런 경험은 예상치 못한 위기가 갑자기 닥쳤을 때 어떻게 대응하고 이겨나가야 할지를, 나아가 그런 위기를 어떻게 하면 새로운 성공의 기회로 만들 수 있는지를 잘 보여 주고 있어.

5장 아프리카 이야기

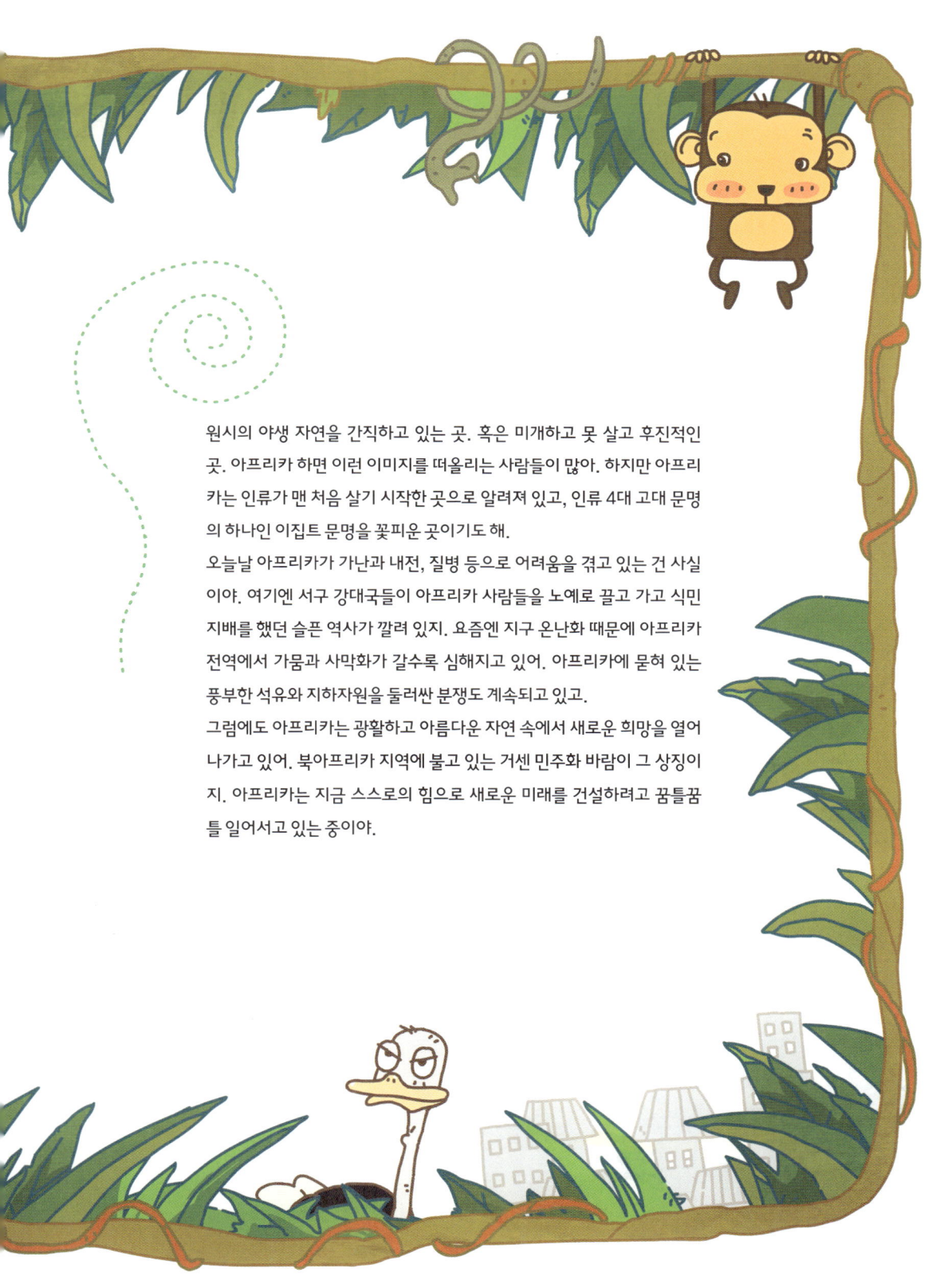

원시의 야생 자연을 간직하고 있는 곳. 혹은 미개하고 못 살고 후진적인 곳. 아프리카 하면 이런 이미지를 떠올리는 사람들이 많아. 하지만 아프리카는 인류가 맨 처음 살기 시작한 곳으로 알려져 있고, 인류 4대 고대 문명의 하나인 이집트 문명을 꽃피운 곳이기도 해.

오늘날 아프리카가 가난과 내전, 질병 등으로 어려움을 겪고 있는 건 사실이야. 여기엔 서구 강대국들이 아프리카 사람들을 노예로 끌고 가고 식민지배를 했던 슬픈 역사가 깔려 있지. 요즘엔 지구 온난화 때문에 아프리카 전역에서 가뭄과 사막화가 갈수록 심해지고 있어. 아프리카에 묻혀 있는 풍부한 석유와 지하자원을 둘러싼 분쟁도 계속되고 있고.

그럼에도 아프리카는 광활하고 아름다운 자연 속에서 새로운 희망을 열어 나가고 있어. 북아프리카 지역에 불고 있는 거센 민주화 바람이 그 상징이지. 아프리카는 지금 스스로의 힘으로 새로운 미래를 건설하려고 꿈틀꿈틀 일어서고 있는 중이야.

고릴라가 휴대 전화를 싫어하는 이유

고릴라가 휴대 전화를 싫어한다고 하면 아마도 어리둥절하겠지? 이 둘 사이에 도대체 무슨 관계가 있냐고 하면서 말이야. 하지만 이제는 생활필수품이 되어 버린 휴대 전화에는 검은 대륙 아프리카에서 날마다 벌어지는 슬픈 사연이 담겨 있단다.

아프리카 중서부에 있는 콩고는 콜탄이라는 광물 자원이 많이 생산되는 나라야. 전 세계 콜탄 매장량의 80퍼센트가 콩고의 열대 우림 지역에 묻혀 있지. 이 콜탄은 이전에는 별로 관심을 끌지 못했는데 지금은 금이나 다이아몬드처럼 귀한 대접을 받고 있어. 바로 콜탄에서 나오는 탄탈럼이라는 물질 때문이야.

탄탈럼은 전기 에너지 저장 능력이 뛰어나고 높은 온도에도 잘 견디는 독특한 성질이 있어. 바로 이 때문에 휴대 전화, 노트북, 비행기의 제트 엔진, 광섬유 등과 같은 첨단 산업의 원료로 수요가 크게 늘어나면서 아주 귀하신 몸이 된 거야. 그래서 불과 몇 달 만에 탄탈럼 가격이 수십 배나 뛰어오르는 일이 벌어지기도 하지.

이처럼 콜탄이 '황금알을 낳는 거위'가 되자 사람들이 눈에 불을 켜고 콜탄을 마구잡이로 캐내기 시작했어. 그리고 그 당연한 결과로 콜탄이 대량으로 묻혀 있는 콩고의 열대 우림 지역은 갈수록 황폐화되고 있어.

문제는 이 지역이 지구상에 마지막으로 남아 있는 고릴라의 자연 서식지라는 점이야. 1996년만 해도 280여 마리의 고릴라가 살고 있었다는데, 수만 명의 사람이 이곳으로 몰려들어 콜탄을 캐내면서부터는 불과 몇 년 만에 고릴라의 절반이 사라졌대. 350마리나 되던 코끼리도 단 두 마리만 살아남았다니, 야생 동물들의 천국이었을 숲이 얼마나 빨리 파괴되고 있는지 충분히 짐작할 만하지.

이 대목에서 고릴라나 코끼리가 사라지는 게 뭐 그리 큰일이냐고 묻는 사람이 있을지도 몰라. 하지만 고릴라나 코끼리가 살 수 없으면 사람도 살 수 없다는 걸 알아야 해. 이렇게 한번 물어볼까? 북극의 곰이, 남극의 펭귄이, 태평양의 고래가, 아마존의 원숭이가, 아프리카의 들소가 사라진다면 어떻게 될까? 사람과 마찬가지로 똑같은 생명체들인 이들이 살 수 없는 곳으로 세상이 바뀐다면 그 속에서 과연 사람이 온전히 살아갈 수 있을까?

다른 것도 다 마찬가지야. 예를 들어 숲이 좀 파괴된다고 해서 지금 당장은 큰 문제가 생기지 않을지도 몰라. 하지만 숲과 나무와 꽃이 살 수 없는 곳에서 사람이 살 수 있을까? 강도 그래. 강이 오염되고 파괴됐을 때 그 강을 젖줄로 하여 번성했던 문명도 덩달아 망한 경우를 역사에서 자주 찾아볼 수 있어.

무엇보다 동물 그 자체를 살아 있는 생명체로 여기는 게 중요하지 않을까 싶어. 동물이란, 그저 사람에게 고기라는 음식과 가죽이라는 옷의 재료만 제공하는, 다시 말해 사람을 위해서만 존재하는 한낱 도구이자 수단일 뿐일까? 그러니까 동물 또한 저마다 기쁨과 슬픔을 느낄 줄 알고, 자신을 해치거나 죽이면 아픔과 고통을 느낄 줄 아는 살아 있는 생명이라는 거지. 그래서 동물이든 식물이든 모든 생명을 존중하고 아끼고 사랑하는 마음가짐을 갖추는 게 매우 중요해.

자연을 구성하는 모든 생명들은 서로 연결되어 있고, 본래부터 사람과 자연은 떼려야 뗄 수 없는 관계로 묶여 있거든. 그리고 사람은 세상의 주인이 아니라 자연의 일부거든.

얘기가 잠깐 옆길로 샜는데, 콩고에서 고통을 당하는 것은 동물만이 아니야. 사람도 엄청나게 큰 희생을 치르고 있어. 콩고는 종족 갈등으로 자기 나라 안에서 정부군과 반정부군이 서로 적이 되어 내전을 벌이는 곳으로도 유명한 나라야. 그런데 이 콜탄을 팔아서 번 막대한 돈이 전쟁 자금으로 쓰이고 있는 탓에 내전이 좀체 끝나지 않고 있는 거야. 1990년대 이후 콩고에서만 내전으로 무려 300만 명이 죽었다고 하니, 정말 심각한 일이 아닐 수 없지.

그렇다고 해서 콜탄 광산에서 일하는 그곳 원주민 광부들이 잘살게 된 것도 아니야. 그들에게 주어지는 장비라곤 고작 삽 한 자루뿐이래. 안전시설이 제대로 갖추어져 있지 않아서 갱도가 무너지는 것과 같은 큰 사고도 자주 일어난대. 그런데 이처럼 위험한 환경에서 아무리 열심히 일해도 이들에게 돌아가는 것은 쥐꼬리만 한 일당뿐이야. 정작 돈을 챙기는 사람들은 광부들이 죽든 말든 고릴라가 없어지든 말든 아무런 관심도 없는 서구 강대국의 거대 기업들과 중개상들이지.

결국 우리가 하루에도 수없이 휴대 전화로 통화하고 문자를 주고받는 동안 저 머나먼 아프리카 콩고의 밀림에서는 고릴라가 모두 멸종되고, 그곳

주민들은 가혹한 노동과 끝없는 전쟁에 시달리면서 목숨까지 위협받고 있는 거야.

    자, 이제 고릴라가 휴대 전화를 미워하는 이유를 알았으니, 휴대 전화를 사용하면서 한번쯤은 아프리카의 슬픈 고릴라를 떠올려 보는 것도 괜찮겠지?

# 도도의 슬픈 노래

'도도'라는 새를 아니? 도도는 지금은 어디서도 찾아볼 수 없는 새야. 이 지구상에서 영원히 사라져 버렸거든. 그렇게 멸종한 새이기 때문에 도도라는 이름은 비극적인 운명을 상징하기도 해.

도도는 본래 아프리카 동쪽 모리셔스라는 섬에 살던 새야. 비둘기와 친척뻘쯤 되는 도도는 이 섬에 자신을 잡아먹을 포식자 동물이 없었기 때문에 진화 과정에서 새의 가장 중요한 보호 수단인 날개가 아주 작아져 버렸어.

그 결과 도도는 있으나 마나 한 날개 대신에 튼튼한 두 다리, 구부러진 큰 부리, 무게가 20킬로그램이나 나가는 뚱뚱한 몸집을 갖게 되었어. 한마디로 하늘을 훨훨 날아다니는 새라기보다는 땅 위 생활을 더 잘 하는 동물이 된 거지. 도도의 슬픈 운명은 바로 여기서부터 시작됐어.

 이 괴상하게 생긴 새를 처음 발견한 것은 1507년 포르투갈 선원이 모리셔스섬에 도착했을 때야. 그리고 도도를 먹을거리로 삼은 것은 16세기 말 인도양을 항해하다 이 섬에 들른 네덜란드 선원들이었어. 이들은 식량과 물을 얻으려고 이 섬에 들어왔는데, 섬에 방목하고 있던 가축은 물론 도도와 거북도 잡아먹기 시작했지. 제대로 날지도 못하는 도도를 잡는 것은 너무나 쉬운 일이었기 때문에 마구잡이로 잡아먹었고, 먹고 남은 도도는 소금에 절

여서 배에 실어 가기도 했어. 이에 더해 새끼 도도나 도도의 알은 돼지나 원숭이 같은 동물들의 맛있는 먹잇감이었기 때문에 번식도 제대로 이루어질 수 없었어.

그러니 도도의 수가 급격하게 줄어든 건 당연한 결과겠지? 그러다 결국 1662년 폭풍으로 배가 고장 난 뒤 간신히 이 섬에 도착한 굶주린 네덜란드인들이 마지막으로 남아 있던 도도를 먹어치워 버리고 말았지. 오늘날 도도를 만날 수 있는 곳은 영국 런던의 자연사 박물관에 보관돼 있는 도도의 표본일 뿐이란다.

오늘날 심각한 환경 문제 가운데 하나가 도도의 경우와 같은 생물종 멸종 사태야. 이른바 생물 다양성이 급속하게 줄어들고 있는 거지. 생물종의 멸종은 화산이 폭발하거나, 빙하기가 닥치거나, 대륙이 이동하거나, 바닷물 수위나 바닷물 속의 산소나 염분 농도가 바뀌는 것과 같은 자연 생태계의 변화 때문에 일어나기도 해. 하지만 인간 때문에 생물종이 멸종되는 경우도 있어.

그런데 생물의 역사를 보면 대규모 멸종 사태가 다섯 번 있었어. 그중에서 공룡이 사라져 버린 6천5백만 년 전의 대멸종 사태가 가장 유명하지. 이때 바다와 육지를 통틀어 전체 생물의 85퍼센트가 사라졌어. 또 다른 유명한 대멸종 사태는 바다 생물의 무려 95퍼센트가 멸종한 2억 4천8백만 년 전 **고생대**지금부터 약 5억 7천만 년 전부터 4천만 년 전까지의 시기로 지질 시대의 구분에서 원생대와 중생대의 사이를 말함에 일어났다고 알려져 있어. 이런 멸종 사태의 직접 원인이 무엇인지에 대해서는 여러 가지 의견들이 있어. 하지만 대체로 공통적인 것은 멸종 사태에 즈음해 지구 전체적으로 기후 변화가 일어나고 수많은 생물이 사는 열대 지역과 해안 지역이 줄어든다는 거야. 그래서 어떤 학자들은 지구 온난화와 기후 변화, 열대림을 비롯한 생물 서식지 파괴, 해안 매립과 훼손, 환경 오염과 외래종 침입 등이 대규모로 벌어지고 있는 오늘날의 상황을 두고 다섯 번의 대멸종에 이은 '제6의 대멸종'이 시작됐다고 경고하기도 해. 그러니까 지금 진행되는 멸종 사태의 주범은 바로 인간인 셈이지.

숫자로 살펴보는 생물 다양성 파괴의 심각성

♠ 20: 20분마다 지구에서 생물 한 종이 영원히 사라지고 있다. 유엔 보고서에 따르면 1970년에서 2006년 사이에 야생 척추동물 3분의 1가량 줄어들었고, 식물 종은 4분의 1가량이 멸종 위기에 놓여 있다고 한다.

♠ 90: 생물 다양성이 가장 풍부한 곳은 열대 우림 지역이다. 열대 우림은 면적으로만 보면 지구 표면의 10퍼센트 미만이지만 지구 전체 생물 다양성의 90퍼센트를 품고 있다.

♠ 1000: 현재 생물종의 멸종 속도는 자연 상태에서 일어나는 변화보다 거의 1,000배나 빠르다. 그래서 2050년이 되면 1992년 생물종 기준으로 50퍼센트가 멸종할 것으로 내다보는 학자들도 있다.

앞에서도 얘기했듯이, 이런 멸종을 막아야 하는 가장 큰 이유는 생물의 운명과 사람의 운명이 같기 때문이야. 그래서 이 세상은 동물과 식물을 포함한 우리 모두의 집이라고 할 수 있어. 사람뿐만 아니라 모든 생명체들이 서로가 서로를 보살펴야 할 의무가 있는 거지.

사실 요즘은 많은 사람이 도시의 아파트에서 살기 때문에 자연을 제대로 접할 기회가 적어. 그렇게 자연과 떨어진 채로 지내니 자연의 소중함이나 자연과 사람이 하나라는 것을 잘 깨닫지 못하는 거야. 그래서 공부도 열심히 해야 하고 컴퓨터 게임도 재미있지만 되도록 자주 산과 숲으로, 들과 강과 바다로 가서 자연을 직접 만나고 느끼는 게 아주 중요해.

희망의 등불을 밝힌, 말라위의 풍차 소년

 2007년 아프리카 탄자니아 북부의 어느 도시에서 있었던 일이야. 세계 여러 나라에서 사람들이 모여 회의를 하고 있었어. 그때 겨우 스무 살밖에 안 된 청년 한 명이 연단에 올랐어. 그러고서 그는 잔뜩 긴장한 표정을 감추지 못한 채 더듬거리는 영어로 자신이 한 일을 천천히 얘기했지. 그런데 놀라운 일이 벌어졌어. 그 청년이 연설을 마치자 회의장 전체가 온통 뜨거운 박수와 환호로 뒤덮인 거야. 많은 사람이 "난 해 보고 만들었어요."라는 그의 말을 따라 외치기도 했지. 그 이후 그의 연설에 감동한 기업가들의 후원이 이어졌고, 세계의 여러 유명 언론들이 그의 이야기를 소개하기도 했어.

 그 청년의 이름은 윌리엄 캄쾀바야. 아프리카 남동부에 있는 말라위라는 나라 사람이지. 1년 치 학비 9만 원이 없어 중학교를 1학년 때 중퇴해야만 했던 그를 세계적인 유명 인사로 만든 건 바로 풍차였어.

 때는 2001년, 장소는 캄쾀바가 살던 말라위의 가난한 시골 마을.

 당시 말라위에는 홍수와 가뭄이 덮쳐 수많은 사람이 굶어 죽고 있었어. 캄쾀바네 식구들도 식사를 하루에 한 끼로 줄일 수밖에 없었고, 불과 열네 살의 캄쾀바는 학교를 그만두고 농사일을 해야만 했지. 하지만 캄쾀바는 평소 품고 있던 과학자에 대한 꿈을 포기할 수 없었어. 그래서 동네 도서관에서 과학책들을 자주 빌려 읽었는데, 그러다 인생을 바꾸는 운명의 책을 만나게 돼. 바로 풍차를 다룬 에너지에 대한 책이었지.

풍차가 뭔지도 몰랐던 어린 소년은 그 책을 읽으면서 자기 마을이 지독하게 가난하긴 하지만 바람만은 밤낮으로 풍부하게 분다는 사실을 떠올렸어. 또 풍차를 이용해 전기를 만들어 낼 뿐만 아니라 펌프를 움직여 물을 길어 올리고 곡식을 빻을 수도 있다는 것을 알게 됐지. 그러니까 소년에게 풍차는 단순히 동력을 제공하는 기구가 아니라, 굶주림과 어둠에서 빠져나오게 하는 자유와 희망의 상징이기도 했던 거야.

그리하여 캄쾀바는 풍차를 만드는 데 몰두하지만, 그 과정은 결코 쉽지 않았어. 주변 사람들은 미쳤다고 손가락질을 해댔고, 돈이 없어 부품 하나 제대로 구할 수 없었으며, 농사일을 하느라 시간도 부족했지.

그러나 그는 자신을 도와주는 친구들과 함께 쓰레기장의 고철과 폐품 더미를 뒤져가며 부품을 구했고, 포기하지 않고 끈질기게 실험을 거듭한 끝에 마침내 풍차를 만드는 데 성공했어. 물론 처음 만든 것은 겨우 10와트짜리 전구를 밝힐 정도의 작은 것에 불과했지. 하지만 그것은 지긋지긋한 가난과 어둠과 고통을 몰아내는 희망의 등불이었어.

풍차는 그의 마을과 삶을 송두리째 바꾸어 놓았어. 마을에 전기가 공급되자 사람들은 밤에도 불을 환히 켤 수 있게 되었고, 펌프를 통해 깨끗한 물을 얻을 뿐만 아니라 그렇게 풍차 전기로 끌어온 물 덕분에 이모작까지 할 수 있게 되었지.

이 이야기가 아프리카를 넘어 전 세계

이모작이란?

이모작은 같은 땅에서 서로 다른 농작물을 1년 중 다른 시기에 재배해서 1년에 곡식을 두 번 수확하는 걸 말한다. 보통 여름에는 벼농사를, 겨울에는 밀이나 보리 농사를 짓는 경우가 많다. 이렇게 이모작을 하면 한정된 땅에서 생산하는 식량이 크게 늘어나기 때문에 농부들에게 커다란 도움이 된다.

로 퍼져나가면서 캄쾀바는 순식간에 스타가 되었어. 하지만 그는 자기 개인의 성공에 안주하지 않았어. 지금도 캄쾀바는 주변 사람들의 고통을 따스하게 감싸 안으면서 아프리카 각지의 가난한 마을과 아이들을 위해 여러 가지 활동을 헌신적으로 펼치고 있대.

그가 전하는 말이야.

"우리에겐 엄청난 잠재력이 있습니다. 우리는 우리가 알고 있는 것보다 훨씬 강합니다. 꿈을 믿고 포기하지 말아야 합니다."

그러니 우리도 작은 일에 실망하거나 자신을 낮추어 볼 것이 아니라 스스로에 대한 자신감을 굳게 가지고 꿈을 키워 나가야겠지? 자, 이제 내 인생의 풍차는 무엇인지, 한번 생각해 보는 건 어떨까?

침팬지의 영원한 어머니, 제인 구달

영국 출신의 여성 동물학자. 아프리카 동부의 탄자니아에서 약 30년 가까이나 침팬지와 함께 생활하면서, 기존 학설과는 달리 침팬지가 도구를 사용하고 육식을 좋아한다는 사실을 밝혀내 세계를 깜짝 놀라게 한 침팬지 연구가. 1년에 300일 이상 전 세계를 돌며 강연과 환경 운동을 펼치는 환경 운동가.

바로 제인 구달이라는 사람 얘기란다.

처음에 제인 구달은 그저 그런 평범한 사람이었어. 집안 형편이 어려워 대학도 나오지 못했고 동물 전문가도 아니었지. 하지만 어릴 때부터 동물을 무척이나 좋아했던 그녀는 커서도 동물을 연구하겠다는 어릴 적 꿈을 한 번도 포기하지 않았어. 결국은 온갖 편견과 어려움을 딛고 끝내 그 꿈을 실현했지.

고향인 영국을 떠나 머나먼 오지인 탄자니아 곰베라는 곳에서 여성의 몸으로 야생 침팬지와 함께 살면서 연구 활동을 하는 것은 아주 힘들고 위험한 일이었을 거야. 용기와 인내심, 강인한 정신력이 없으면 해낼 수 없는 일이었겠지.

하지만 무엇보다 그녀는 침팬지가 단순한 '짐승'이 아니란 걸 알았어. 나름대로 분별력과 사고력과 개성이 있고, 사람 못지않은 다양한 감정과 정신세계를 지닌 생명체라는 사실을 깨달은 거지. 그녀가 위험하고 불편한 아프리카 밀림에서 오랜 세월을 침팬지와 함께 지낼 수 있었던 것도 이런 깨달음과 이 깨달음에서 나온 고릴라에 대한 깊은 애정 덕분일 거야.

그런 연구 끝에 제인 구달이 내놓은 메시지의 핵심은 '침팬지도 누군가를 그리워하고 사랑하고 나눠 주고 분노하고 질투한다. 인간만이 만물의 영장이라고 뻐기면서 자연을 이용하고 도구의 대상으로만 여기는 오만을 버리자.'는 것이었어. 바로 이 때문에 그녀의 침팬지 연구는 인간에 대한 진지한 탐구로 평가받기도 해.

　　제인 구달은 돈벌이를 위해 침팬지를 비롯한 유인원을 무차별로 잡아가는 밀렵꾼들과의 싸움을 시작한 이후 지금은 할머니가 되어서도 세계 각지를 돌아다니며 환경 운동가라는 제2의 삶을 살고 있어. 침팬지에 대한 애정 어린 마음이 다른 모든 생명체들로, 나아가 지구 자연 전체로 넓어진 거지.

나무 어머니, 왕가리 마타이 이야기

아프리카에서 여성이 활발한 사회 활동을 펼치면서 커다란 업적을 남기기란 쉬운 일이 아니야. 아직도 남자가 여자보다 우월하다는 생각으로 남녀 차별을 많이 하는 편이거든. 그래서 여자아이들은 공부를 하고 싶고 나중에 어른이 되어서 하고 싶은 일이 있어도 그런 꿈을 이룰 기회가 잘 주어지지 않는 경우가 많아.

이런 환경에서 아프리카 동부 지역에 있는 케냐의 작은 시골 마을에서 왕가리 마타이라는 여자아이가 태어났어.

이 마을은 한 명의 남자가 여러 명의 아내를 거느리는 일부다처제 전통을 이어가는 부족 마을이었는데, 마타이의 엄마는 아빠의 두 번째 부인이었지.

마을의 다른 친구들처럼 마타이도 하마터면 학교에 다니지도 못할 뻔했어. 이 마을에서 여자아이들은 제대로 교육을 받기는커녕 어릴 때부터 집안일이나 농사일을 도와야 하는 경우가 많았거든.

하지만 다행히도 마타이의 부모는 마타이에게 기대와 믿음을 가지고 학교에 보내 주었어. 하고 싶은 공부를 하게 돼 신이 난 마타이는 아주 열심히 공부했지.

그 덕분에 고등학교를 다닐 때 마타이에게 절호의 기회가 찾아왔어. 정부가 학생들을 선발해서 미국으로 유학을 보내는데 거기에 뽑힌 거야. 그렇게 미국 유학을 다녀와서 새로운 세상에 눈을 뜬 마타이는 케냐에서도 훌륭한 실력을 갖춘 전문 직업인으로 인정받게 되었어. 또 능력 있는 남편을 만난 덕분에 안정된 상류층 생활을 할 수 있었지.

하지만 마타이는 그런 편안한 길을 가지 않았어. 마타이가 늘 간직하고 있었던 것은 자신의 조국인 케냐와 아프리카에 대한 뜨거운 애정이었어. 특히 케냐와 아프리카 여성들이 처한 고통스러운 현실에 많은 관심을 쏟고 있었지.

그러던 어느 날 마타이는 깊이 깨달았어. 아프리카 여성이 안고 있는 문제가 환경 문제와 밀접하게 연결돼 있다는 걸 말이야.

여성이 무시당하지 않고 당당하게 살려면 경제적인 자립 능력을 갖추어야 하잖아? 그런데 주로 농사를 지으며 살고 숲에서 생활에 필요한 것들을 얻는 아프리카 시골 현실에서 땅이 갈수록 사막화하고 오염될 뿐만 아니라 숲도 급속도로 망가지고 있었기 때문에 여성들이 경제 활동을 제대로 할 수 없었거든.

그래서 마타이가 시작한 것이 '그린벨트 운동'이라고 불리는 대대적인 나무 심기 운동이야. 마구잡이 벌목과 개발로 망가진 아프리카 숲을 여성의 힘으로 되살리자는 운동이었지. 그렇게 해서 케냐를 비롯해 아프리카 각지의 마을, 학교, 교회 등에 심은 나무가 무려 3천만 그루가 넘어.

중요한 건 이 운동으로 살아난 게 숲만이 아니라는 점이야. 수많은 가난한 여성이 일자리를 얻고 돈도 벌면서 새로운 희망을 키워갈 수 있게 되었어.

이 운동에 참여하면서 여성들은 나무에서 갖가지 열매와 땔감과 약재를 얻을 수 있었고, 나무 한 그루를 심을 때마다 약간씩의 돈을 받아 자립의 기반을 만들 수 있었거든.

그래서 마타이의 그린벨트 운동은 환경을 되살리는 동시에 여성의 경제 자립과 지역 공동체의 발전에도 이바지하는 모범 사례로 널리 칭송을 받게 됐어. 나아가 아프리카가 잘살 수 있는 길을 찾는 데에도 소중한 정보를 귀띔해 주었지.

마타이가 힘과 정성을 쏟은 건 환경 운동만이 아니야. 탄압과 수난을 당하면서도 민주주의와 인권, 평화를 위해서 열심히 일했어. 마타이의 이러한 활약은 점차 세계로 알려졌고, 그 결과 마타이는 아프리카 여성으로서는 처음으로 노벨 평화상을 받았어.

마타이는 케냐 정부에서 환경 정책을 책임지는 일을 맡았었고, 국회의원으로도 활약을 했었지. 이런 마타이에게 아프리카 사람들이 붙여 준 별명이 바로 '나무 어머니'야.

아프리카의 소년 병사들

1993년 어느 날, 아프리카 서쪽 해안의 조그만 나라 시에라리온의 열두 살 소년 이스마엘은 이웃 마을에서 열리는 장기 자랑 대회에 나가려고 집을 나섰어. 노래 부르고 춤추기에 좋은 헐렁한 티셔츠와 청바지 차림이었지. 그런데 대회가 열리기도 전에 이스마엘은 고향 마을을 반군이 덮쳤다는 소식을 듣게 되었어. 반군이 저지르는 학살과 약탈로 마을이 온통 쑥대밭이 됐다는 거야. 당시 시에라리온은 정부군과 반군 사이에 한창 내전이 벌어지고 있었거든.

어린 이스마엘은 자신도 잡혀 죽을까 봐 겁이 나서 고향 마을로 돌아갈 수가 없었어. 이때부터 반군을 피해 도망 다니는 고통스런 여행이 시작됐지. 가는 곳마다 시체와 팔다리가 잘린 사람들이 즐비했어. 공포와 굶주림으로 소년은 거의 미칠 지경이 되었지. 그 와중에 소년에게 유일한 희망은 다시 가족을 만나는 것이었어.

그러던 어느 날 이스마엘은 숲속을 헤매다 기적적으로 고향 사람을 만나게 되고, 그에게서 가족이 살아 있다는 말을 전해 듣게 돼. 그것도 그 숲에서 멀지 않은 마을에 가족이 머물고 있다는 거야. 터질 듯한 기쁨과 반가움으로 이스마엘은 가족을 만나려고 전속력으로 내달렸지. 아, 그런데 그만 그사이에 반군이 마을을 공격했고, 가족은 이스마엘의 눈앞에서 모두 죽임을 당하고 말았어.

그 뒤 절망과 분노에 사로잡힌 이스마엘은 정부군의 소년병이 되고 말았어. 두려움을 잊으라고 어른들은 날마다 마약을 주었고, 마약에 취해 제정신이 아닌 이스마엘은 사람 죽이는 것을 아무렇지도 않게 여기는 무서운 병사가 되어 버렸지. 그는 그 시절을 이렇게 돌아보고 있어.

"우리는 2년간 전투를 했는데, 매일 반복되는 일과는 살인이었다. 나는 누구에게도 동정심을 느끼지 않았다. 나도 모르는 사이에 내 어린 시절은 끝나 버렸고, 내 심장은 차갑게 얼어붙었다."

그러다 이스마엘은 다행히 유엔 기구의 도움으로 소년병에서 벗어나 새로운 삶을 시작할 기회를 얻게 되었어. 마약을 끊고 정상적인 생활을 하기까지는 너무나 힘든 과정을 거쳐야 했지만, 이스마엘은 서서히 충격과 상처에서 벗어나 랩을 흥얼거리는 보통의 소년으로 돌아오게 되지. 그러나 불행은 끝난 게 아니었어.

공포의 반군 세력이 내전에서 승리해 결국은 권력을 잡은 거야. 다시금 위기에 처한 이스마엘은 고민에 고민을 거듭했어. 그러다 그는 마침내 인생 최대의 결정을 내리게 돼. 자기 나라를 탈출하기로 한 거야. 그러지 않으면 붙잡혀서 다시 그 끔찍한 소년병 생활로 돌아갈 수밖에 없었거든. 결국 이스마엘은 갖은 고생 끝에 간신히 이웃 나라 기니로 탈출하는 데 성공해.

    이 이야기는 실제로 있었던 일이야. 기니로 탈출한 이스마엘은 그 뒤 국제기구(국제적인 목적이나 활동을 위해 세계 여러 나라가 만든 조직)와 주변의 도움으로 미국으로 건너가 지금은 인권 운동가로 활동하고 있어.

    그런데 슬프게도 이런 비극적인 이야기는 아프리카에서 드문 일이 아니야. 10억의 인구가 사는 아프리카 대륙은 지금도 곳곳에서 전쟁이 끊이지 않고 있거든. 그동안 여러 나라에서 수백만 명이 희생됐지. 놀라운 것은 이스마엘처럼 겨우 열두 살~열다섯 살밖에 안 된 어린 소년병들이 대거 전쟁에 동원되고 있다는 사실이야. 실제로 아프리카에서 소년병만 12만 명이나 된대. 대부분 배고픔과 협박과 공포를 이기지 못해 어른들의 전쟁에 강제로 끌려들어 가는 거지.

이런 일이 벌어지는 가장 큰 이유는 아프리카에 묻혀 있는 풍부한 자원을 둘러싼 이해 다툼이야. 내전이 벌어진 지역들은 거의 대부분 석유, 다이아몬드, 금 같은 것들이 대량으로 묻혀 있는 곳들이거든. 그래서 겉으로는 종족들 간에 싸움처럼 보이는 경우도 속을 들여다보면 자원을 둘러싼 분쟁일 때가 많아.

이스마엘을 소년병으로 만든 시에라리온만 봐도 그래. 시에라리온은 국토는 작지만 다이아몬드, 보크사이트, 철광석 같은 천연자원이 아주 풍부하거든. 이런 자원으로 벌어들이는 돈을 국민을 위해 쓰는 게 아니라 부패한 권력이 몽땅 독차지하니까 여기에 불만을 가진 세력이 생겨날 수밖에 없고, 그러다 결국 전쟁이 터지는 거야.

그런 자원들 중에서도 가장 큰 문제가 되는 건 석유야. 강대국들이 아프리카의 풍부한 석유에 호시탐탐 눈독을 들이고 있거든. 그리고 아프리카 여러 나라의 못된 권력자와 정치인들은 그 석유를 무기로 돈을 챙기려는 욕심으로 가득 차 있고. 그래서 석유를 팔아서 벌어들인 돈이 국민을 잘살게 하는 데 쓰이기보다 외국에서 무기를 사들이거나 무장 세력을 유지하고 키우는 데 쓰이는 경우가 많아.

그런데 역사를 보면 오늘날 아프리카 내전의 씨앗을 뿌린 주범은 과거에 아프리카 각지를 식민지로 지배했던 서구의 강대국들이야. 이들이 아프리카 지도를 놓고 자기들 맘대로 국경선을 그어 버리는 바람에 같이 어울려 살아야 할 수많은 부족이 갈가리 나누어졌고, 혹은 그 반대로 따로 떨어져서 살아야 할 부족들이 한 나라 안으로 합쳐져 버렸거든. 이게 오늘날 분쟁과

갈등의 큰 원인이 되고 있는 거야. 아프리카 사람들은 과거나 지금이나 똑같이 강대국들의 횡포 때문에 큰 피해를 보고 있는 거지.

전체 인구 네 명 중 한 명이 굶주리는 아프리카. 계속되는 사막화와 가뭄으로 아름다운 자연과 삶의 터전이 갈수록 파괴되고 있는 아프리카. 에이즈와 말라리아로 숱한 사람이 죽어 나가는 아프리카. 이런 아프리카가 소중한 자원마저 서구 강대국들에게 빼앗기면서 끝없는 전쟁의 고통에 시달리고 있는 거야. 소년 이스마엘의 이야기는 아프리카가 겪고 있는 이런 비극의 상징인 셈이지.

6장
오세아니아 이야기

오세아니아는 오스트레일리아와 뉴질랜드라는 두 나라와 드넓은 태평양에 흩어져 있는 수많은 섬나라로 이루어져 있어. 영국의 식민지였던 두 나라는 백인들이 주도해서 만들었기 때문에 위치는 유럽과 멀리 떨어져 있지만 서양과 비슷한 곳이라고 할 수 있지. 그리고 섬나라들도 유럽 여러 나라와 미국의 지배를 받았어.

태평양에 떠 있는 조그만 섬나라들은 자연의 변화나 주어진 환경 조건에 취약할 수밖에 없어. 그래서 지구 온난화 탓에 바닷속으로 가라앉고 있는 나라도 있고, 광물 자원 하나만 믿고 흥청망청하다가 쫄딱 망한 나라도 있어. 또 태평양에는 사람들이 바다에 버린 쓰레기들이 모여 거대한 섬을 이룬 곳도 있지.

그래서 오세아니아 지역은 과도한 환경 파괴나 자원 낭비가 어떤 결과를 가져오는지를 상징적으로 보여 주는 곳이라고 할 수 있어.

 폐허로 변한 태평양의 외딴섬, 나우루

한 때 세계에서 제일 잘사는 나라였으나 지금은 가장 가난한 나라로 변해버린 곳. 옛날에는 자연과 더불어 매일같이 축제와 놀이를 즐기는 평화로운 곳이었으나 지금은 온통 파헤쳐진 땅에 국민의 절반이 비만에 시달리고 수많은 사람이 병으로 죽어 나가는 나라. 이런 슬픈 나라는 어디일까?

바로 나우루라는 나라 얘기란다. 나우루는 적도 바로 아래 태평양 한가운데에 있는 섬나라야. 크기는 서울의 30분의 1 정도이고 인구는 9천 명에 불과한 아주 조그만 꼬마 나라지.

옛날부터 섬 근처에 물살이 엄청나게 센 해류가 흐르는 탓에 나우루 사람들은 바다 멀리로까지 나가기 어려웠단다. 외부 사람들 또한 이 보잘것없고 머나먼 외딴섬에 관심을 기울일 까닭이 전혀 없었지. 때문에 나우루 사람들은 자기들끼리 오순도순 잘 살았어. 코코야자와 빵나무 열매가 숲에 가득했고 섬 주변에는 물고기들도 넉넉했기 때문에 별걱정 없이 편안하고 행복하게 살 수 있었지.

그런데 그만 이 섬에 큰일이 벌어지고 말았어. 바로 '인광석'이라는 지하자원이 이 섬에 엄청나게 많이 묻혀 있다는 걸 알게 된 거야. 본래 나우루는 태평양을 아래위로 날아다니는 철새들의 천국이었어. 이 철새들이 싼 똥이 오랜 세월을 거치면서 나우루의 땅에 스며들어 인광석이 된 거지. 그런데 이 인광석이란 건 농사짓는 데 없어서는 안 되는 비료를 만드는 데 반드시

필요한 거거든. 그러니까 한마디로 이 인광석을 팔아서 엄청나게 돈을 많이 벌 수 있는 기회가 갑자기 생긴 거지.

　이 섬의 비극은 이때부터 시작되었단다. 인광석을 캐내어 팔기만 하면 너무나 손쉽게 큰돈을 벌 수 있었기 때문에 사람들이 땀 흘려 일을 할 필요가 없어져 버린 거야. 한순간에 벼락부자가 된 사람들은 그저 먹고 마시고 노는 것만 즐기기 시작했지. 전기를 비롯해 모든 게 공짜로 주어졌는데, 심지어는 집 청소마저 정부가 월급을 주는 가정부들이 와서 다 해 주었대. 축

171

제 때는 미국 돈인 달러 지폐를 화장지로 사용하는 사람들도 있었다고 하니 오죽했겠어?

집집마다 자동차를 몇 대씩 굴리면서 100미터도 안 되는 거리를 차를 타고 다니는 사람들도 많았어. 거기다 먹는 것도 통조림 음식이나 스팸 같은 패스트푸드와 가공식품 중심으로 바뀌고 말았지. 그마저도 배달시켜 먹는 경우가 아주 많았어. 이렇게 몸을 움직이지는 않고 인체에 해로운 인스턴트식품만 잔뜩 먹다 보니 건강이 어떻게 되겠니? 다들 뚱뚱보가 되고 그 결과로 당뇨병 같은 무서운 병에 걸리는 것은 당연한 결과겠지? 거기에다 인광석을 마구잡이로 캐내다 보니 섬의 모든 땅이 온통 파헤쳐지고 망가져 버리고 말았어.

문제는 섬에 묻혀 있는 인광석의 양이 끝도 없이 캐낼 수 있는 게 아니라 한정돼 있다는 사실이야. 돈 욕심에 앞뒤 가리지 않고 캐내다 보니 결국은 인광석이 고갈된 거지. 그 결과 돈이 안겨 주는 달콤한 소비에 중독돼 편하게만 살던 부자들이 그만 거지 신세가 될 수밖에 없었어. 결국 이 섬에 남은 게 뭐겠니? 황폐한 땅과 파괴된 자연, 병든 사람과 비참한 죽음뿐이야. 그리하여 이제 나우루는 마구잡이 개발과 돈에 대한 끝없는 욕심, 눈앞의 이익과 안락함을 위해 자연과 미래를 팔아넘긴 비극의 섬으로 남아 있단다.

바다 속으로 가라앉는 나라, 투발루

　갈수록 바닷물의 수위가 높아지는 바람에 국토 자체를 포기해야만 하는 섬나라가 있단다. 이 나라는 열대 폭풍이 휘몰아쳐서 큰비가 내리면 국토의 많은 부분이 물에 잠겨 그래서 지금 두 가지 길 중에 하나를 선택할 수밖에 없는 막다른 골목에 몰리고 있어. 국민 모두가 다른 나라로 이주할 것인가, 아니면 섬에 그대로 남아서 죽을 것인가.

　세상에 이런 어처구니없는 나라가 있다는 게 그리 쉽게 믿기지 않지? 하지만 이건 오스트레일리아와 하와이 사이 태평양에 있는 작은 섬나라 투발루에서 실제로 벌어지고 있는 일이야. 아홉 개의 자그만 산호초 섬으로 이루어져 있고 인구가 1만 명 정도에 불과한 이 섬나라는 온 국토를 통틀어 가장 높은 곳이 해발 4.5미터밖에 안 돼. 그러니 바닷물이 조금만 높아져도 큰 난리가 나는 건 당연하겠지?

　이처럼 나라 자체가 없어질 정도로 큰 문제를 일으키는 주범이 바로 지구 온난화라는 거야. 사람들이 산업 활동을 하거나 일상생활을 하면서 배출하는 온실가스 탓에 지구가 점점 더워지는 게 지구 온난화의 핵심이지. 이 지구 온난화가 미치는 영향은 아주 다양하고도 심각해.

　홍수, 태풍, 가뭄, 강수량 등에 큰 변동과 혼란을 일으키는 기후 변화가 대표적이고, 지구 곳곳에서 사막화나 아열대화 같은 현상이 일어나지. 이 때문에 농사짓는 데에도 큰 피해가 발생하고 자연 생태계의 질서와 균형도 무너지게 돼. 특히 북극과 남극의 거대한 빙하들이 녹아내리고 여러 대륙의 고산 지대에 쌓여 있는 만년설이 녹아 강을 통해 바다로 흘러드니 바닷물 수위가 점점 높아지게 되지.

이미 투발루에서는 바닷물이 툭 하면 넘쳐서 흘러 들어오기 때문에 물이나 농토가 소금기로 오염되기도 하고 해변이 깎여 나가는 피해를 보고 있어. 그래서 안 그래도 좁은 농토가 계속 사라지거나 못쓰게 되고, 쓸 수 있는 물도 갈수록 줄어들고 있어. 점점 사람이 살 수 없는 곳으로 변하고 있는 거지.

지금 이대로라면 투발루는 앞으로 50년 안에 나라 전체가 바닷속으로 가라앉고 말 거래. 그러니 사람들이 살아남으려면 그 전에 다른 나라로 이사를 갈 수밖에 없어. 그야말로 지구 온난화 때문에 나라 자체가 이 지구상에서 사라져 버리고 마는 거야.

그런데 투발루만 이런 게 아니란다. 이를테면 인도양에는 국토의 평균 높이가 2미터에 지나지 않고 인구는 53만여 명 정도인 몰디브라는 섬나라가 있는데, 이 나라도 위태롭기는 마찬가지지.

또한 세계 전체를 볼 때 사람들이 집중적으로 많이 몰려 사는 곳이 바닷가 쪽의 낮은 지역이라는 건 잘 알고 있지? 근데 바닷물 수위가 1미터 높아지면 해안선은 무려 1천5백 미터나 내륙 쪽으로 물러나게 된다는 게 전문가들 얘기야. 이런 상황에서 앞으로 100년 안에 바닷물 수위가 최대 1미터 가까이 높아질 거라는 예측이 나오고 있어. 만약에 실제로 이런 일이 벌어지면 수천만 명에서 수억 명에 이르는 사람이 집을 떠나 피난을 가야 돼.

투발루가 영국의 식민지에서 독립한 지 얼마 되지 않았단다. 그러니 이대로라면 투발루는 현대 국가 중에서 역사가 가장 짧은 나라로 기록될 가능성이 높아. 동시에 지구 온난화가 일으키는 재앙의 가장 슬픈 희생자가 되겠지. 국민 모두가 다른 나라로 이주한다는 건 자신의 역사, 문화, 전통, 생활 등도 함께 포기한다는 걸 뜻하는 거니까 말이야.

수수께끼의 섬, 이스트 섬

1722년 4월 5일, 부활절에 어느 네덜란드 탐험가가 남태평양 바다를 항해하다가 어떤 섬을 발견했어. 남아메리카 서부 해안에서 3천7백 킬로미터나 떨어져 있는 곳이었지. 나무라고는 찾아보기 힘든 그 섬에 살고 있는 3천 명 정도의 주민들은 갈대 오두막이나 동굴에 모여 살면서 끊임없이 전쟁을 벌이고 있었어. 식량이 부족한 탓에 식인 풍습까지 있는 야만적인 원시 부족이었지.

그런데 그때 이후 이 섬을 방문한 유럽인들을 깜짝 놀라게 한 것이 있었어. 그 미개하고 황폐한 섬의 여기저기에 고도의 문명과 기술이 아니고선 만들 수 없는 거대한 석상들이 수백 개나 있었던 거야. 석상이란, 돌로 만든 사람 모양의 조각품을 말해. 이 섬의 석상들은 대체로 높이가 3~6미터 정도인데, 높이가 무려 30미터에 달하고 무게도 90톤이나 나가는 엄청나게 큰 것들도 있어. '모아이Moai'라고 불리는 이 신비스러운 석상들은 발견 직후부터 그 오래전 옛날 사람들이 도대체 이걸 어떻게 만들 수 있었는지를 둘러싸고 커다란 논란을 불러일으켰어.

도대체 이 섬에 무슨 일이 있었던 걸까? 이 수수께끼를 푸느라 처음엔 우주에서 외계인이 와서 석상을 만든 것이라느니, 지금은 사라져 버린 옛

태평양 고대 문명의 흔적이라느니 하는 황당한 얘기들까지 나오곤 했지. 그러나 나중에 밝혀지기로는 전혀 그런 것이 아니었단다.

이 섬에 동남아시아 출신의 폴리네시아 사람들이 정착한 것은 5세기 무렵이야. 그때는 울창한 숲이 우거져 있었지. 점점 사람들이 늘어나고 사회가 발전하면서 한때 전성기에는 인구가 7천 명에서 최대 2만 명에 이르기도 했대. 그런데 섬 주민들은 유독 종교적 의식을 치르고 기념물을 만드는 것을 좋아했어. 그중에 대표적인 것이 '아후'라는 돌 제단과 방금 얘기한 모아이 석상이야.

수수께끼의 비밀은 바로 이것을 만드는 방법에 있었어.

수레를 끌 동물도 없고 그 무겁고 큰 돌을 운반할 다른 방법을 찾을 수도 없었기 때문에 나무를 베어 내 그것을 길에다 쭉 깔아서 돌을 굴리는 수밖에 없었지. 이런 통나무 길을 만들고 돌을 들어 올릴 밧줄을 만드는 데 나무를 엄청 많이 베어 내 썼던 거야. 그리고 그 외에도 농사지을 땅을 만들고, 난방과 요리를 하고, 갖가지 가재도구를 만들고, 집과 카누를 만드는 데도 나무를 많이 사용했지. 더구나 씨족들 간에 조각상 많이 세우기 경쟁이 벌어지는 바람에 숲은 갈수록 황폐해질 수밖에 없었어.

그렇게 나무가 사라지니 농사지을 땅도 덩달아 망가지고, 부족해진 식량과 자원을 서로 많이 차지하려고 전쟁까지 벌이게 된 거야. 심지어는 생존을 위해 식인 풍습까지 생겨나고 말았지. 결국 이렇게 해서 한때 아주 특이하고 수준 높은 '거석문화 큰 바위 등으로 석상이나 무덤 등을 만들던 선사 시대 문화'를 꽃피웠던 섬이 그만 순식간에 붕괴하고 말았어.

더 큰 석상을 만들어 다른 사람을 지배하고자 했지만 자연의 파괴가 몰고 올 저주에는 무관심했던 이스터섬의 슬픈 운명. 마지막 한 그루의 나무를 베어 내면서도 그것이 어떤 결과를 가져올지 몰랐던 이스터섬의 어리석은 종말. 오늘날 거대 석상을 구경하는 관광지가 된 이 섬의 역사는 무분별한 환경 파괴가 인류 문명에 어떤 비극을 초래할지를 보여 주는 값진 교훈으로 남아 있단다.

 태평양에 존재하는 거대한 '플라스틱 섬'

세계에서 가장 큰 쓰레기장은 어디에 있을까? 물건을 만드는 공장이 밀집해 있는 선진국의 커다란 산업 지대일까? 낭비가 심한 부자들이 제일 많이 모여 사는 동네일까? 둘 다 아니야. 바로 태평양 한가운데야.

태평양의 '쓰레기 섬'은 하와이섬과 일본 사이, 그리고 하와이섬과 미국 서부 해안 사이의 태평양을 떠다니는 두 개의 거대한 쓰레기 더미를 일컫는 말이야. 하와이와 일본 사이, 그러니까 태평양 서쪽의 쓰레기 섬만 해도 우리가 사는 한반도 면적의 일곱 배나 될 정도로 어마어마하게 크고, 태평양 동쪽의 것도 미국에서 두 번째로 큰 주인 텍사스주 면적의 두 배나 된대.

이 거대한 쓰레기 섬은 플라스틱, 비닐, 타이어와 그물, 장난감 등 사람이 버린 쓰레기들이 바다에 사는 작은 생물인 플랑크톤과 뒤섞여 끈적끈적한 죽과 같은 상태를 이루고 있어. 쓰레기 중 20퍼센트만이 배에서 버린 것이고 80퍼센트는 육지에서 온 것인데, 쓰레기 전체의 90퍼센트가 플라스틱이야. 그래서 이 쓰레기 섬을 플라스틱 섬이라 부르기도 해.

　북태평양에는 고기압 아래에서 시계 방향으로 둥그렇게 도는 해류_{이것을 북태평양 환류라 부른다}가 있는데 이것이 이 쓰레기 섬이 있는 지점에 이르면 소용

돌이를 만들면서 급격히 느려져. 바로 이 때문에 미국과 캐나다 등 북아메리카의 태평양 연안이나 아시아 대륙의 육지에서 버려진 쓰레기가 이 해류를 타고 바다를 떠다니다가 이곳에 갇히면서 모이게 되는 거야.

문제는 쓰레기의 대부분을 차지하는 플라스틱이 햇빛, 바람, 파도 등에 의해 서서히 작은 알갱이로 부스러진다는 사실이야. 그렇게 되니 새나 물고

기 같은 바다 생물들이 이것을 먹이로 착각해서 먹기도 하고, 또 플라스틱 쓰레기를 머금은 플랑크톤을 물고기가 먹기도 해. 플라스틱을 먹었으니 이런 생물들은 큰 병에 걸리거나 결국은 죽고 말겠지?

더 큰 문제는 이런 물고기를 사람이 먹게 된다는 거야. 결국 인간이 버린 쓰레기가 다시 인간에게로 되돌아오는 셈이지. 이게 뜻하는 게 뭘까? 이는 곧 수많은 쓰레기를 만들어 내고 또 버리는 우리의 소비와 생활 방식 자체가 우리 자신을 죽이는 부메랑이 될 수도 있다는 거야.

이 쓰레기 섬이 갈수록 커지고 있고 전 세계 곳곳에서 또 다른 쓰레기 섬이 발견되고 있다니, 바다는 바다대로 갈수록 망가지고 사람 또한 덩달아 그로 인한 피해를 고스란히 보고 있는 거지. 그럼에도 해결 방법이 없다는 게 답답한 일이야. 특히 플라스틱은 태워도 가라앉아 버리고 무엇보다 양 자체가 워낙 많아 처리하기가 너무 힘들대.

사람 흔적 하나 찾아볼 수 없는 지구상의 가장 외진 바다에 사람이 남긴 엄청난 문명의 발자국이 찍혀 있음을 생생하게 보여 주는 태평양의 쓰레기 섬. 이 쓰레기 섬은 우리가 버린 쓰레기가 우리 눈에 안 보이는 먼 곳으로 치워진다 해도 이 지구상 어딘가에는 반드시 존재하고 있고, 그래서 결국은 우리 자신에게 다시 영향을 미친다는 사실을 잘 가르쳐주고 있어.

지구 환경을 지키는 무지개 전사들

때는 1985년 7월 10일 밤 12시. 장소는 뉴질랜드 항구 도시 오클랜드의 선착장. 항구에 정박해 있던 배 한 척이 갑자기 폭발했고 곧 침몰하고 말았어. 배에 타고 있던 사람들 가운데 한 명은 죽고 말았지. 배 이름은 '무지개 전사Rainbow Warrior'로, 국제 환경 운동 단체인 그린피스Greenpeace 소속 선박이었어.

'무지개 전사'호에 탄 그린피스의 '환경 전사들'은 일본의 히로시마 원자 폭탄 투하 40주년을 맞아 1985년 8월 6일, 프랑스의 핵무기 실험 기지인 폴리네시아 모루로아 섬 일대에서 핵무기를 반대하는 해상 시위를 벌일 예정이었지. 사건을 일으킨 주범은 놀랍게도 프랑스 정부였어. 핵무기를 반대하는 환경 운동가들이 거추장스러웠던 프랑스 정부가 특수 요원들을 보내 이 배에 몰래 폭탄을 설치했던 거지. 그 때문에 당시 프랑스 정부는 나라 안팎으로 엄청난 비난에 휩싸였고, 결국 국방 장관이 쫓겨나고 말았어.

'녹색 평화'라는 뜻의 그린피스라는 환경 단체는 이 사건으로 전 세계에 널리 알려지게 되었어. 본부가 네덜란드 암스테르담에 있는 그린피스는 1971년 미국 알래스카 암치카섬의 핵실험에 반대하는 해상 시위를 벌이면서 처음 탄생했어. 주로 핵실험과 원자력 발전소 반대, 군비 축소와 평화, 재생 에너지 사용 확대, 유전자 조작 식품 반대, 바다와 고래 보호 등과 같은 활동을 펼치고 있지.

세계에서 가장 큰 환경 단체 중 하나로, 40여 개 나라에 지부가 설치되어 있고 300만 명에 이르는 회원이 활동하고 있어. 이들은 헌신적이고 기발한 활동으로 국제 환경 운동사에 오래도록 기억될 큰 성과를 많이 일구어냈어. 그 과정에서 초기의 과격하고 급진적_{급하게 목적을 달성하려는 것인} 활동보다는 점차 과학적인 정보를 바탕으로 하는 활동을 많이 펼치게 되었지.

세계에서 가장 오래된 환경 운동 단체로는 '시에라 클럽'을 꼽을 수 있어. 이 단체는 1892년 미국에서 금광 개발로 서부의 산림 지대가 훼손되자 이를 지키려고 설립됐어. 미국 그랜드 캐니언 댐 건설을 막아 내면서 유명해졌지. 지금은 북아메리카 지역을 넘어 지구 환경 전체를 지키려고 다양한 활동을 펼치고 있어. 세계 60여 개 지역에 조직이 있고, 회원은 60만 명에 이르지.

회원 수가 가장 많은 단체는 '세계 자연 보호 기금'이야. 90개가 넘는 나라에서 900만 명의 회원이 활동하고 있어. 본래 1961년에 아프리카 지역의 야생 동물과 환경을 보호하기 위해 설립됐는데, 점차 활동 영역을

우리나라의 환경 운동 단체들

우리나라의 대표적인 환경 운동 단체로는 환경 운동 연합(www.kfem.or.kr), 녹색 연합(www.greenkorea.org), 환경 정의(www.eco.or.kr) 등을 꼽을 수 있다. 우리나라에서 환경 운동이 본격적으로 펼쳐지기 시작한 것은 1990년대 초반 정도부터다. 오랜 독재 끝에 민주주의의 꽃이 피기 시작하고, 그간의 급속한 산업화와 경제 성장 과정에서 쌓아 온 환경 문제들이 여기저기서 터져 나오기 시작한 시점이다. 그 후 환경 운동은 눈부시게 발전해 왔다. 그리고 그 과정에서 전국 각지와 다양한 분야에서 수많은 환경 운동 단체가 생겨났다. 그래서 언제라도 마음만 먹으면 아주 쉽게 환경 운동에 참여할 수 있게 되었다. 특히 자기가 사는 지역이나 자신이 관심을 가지고 있는 분야에서 열심히 활동하는 단체에 참여하는 게 중요하다.

넓혀 1985년 이후에는 수천 개가 넘는 환경 프로젝트를 진행하고 있지.

또 하나 소개할 만한 유명 단체는 '지구의 벗'이야. '지구의 친구들'이라고도 하지. 1969년 미국 샌프란시스코에서 설립됐는데, 약 40개 나라에 지부가 만들어져 있어. 지구 온난화 방지, 산림과 생물 다양성 보존, 유전자 조작 식품 반대 등의 활동을 펼치고 있고, 경제와 개발이 일으키는 문제에 대해서도 깊은 관심을 기울이고 있지. 우리나라의 4대강 사업을 반대하는 특별 결의문을 채택하기도 했어.

바로 이런 환경 단체들과 회원들의 열성적인 활동이야말로 중대한 환경 파괴 행위들을 막아낼 뿐만 아니라 오늘날 지구 환경을 이 정도라도 지키는 '환경 파수꾼'의 역할을 한다고 할 수 있단다.

개인적으로 자연 사랑을 실천하는 것은 물론 중요해. 하지만 그것에 더해 나중에 좀 더 커서 환경 단체에 가입해서 활동하는 것도 아주 가치 있는 일이야. 무슨 일이든 혼자서 하는 것보다는 여럿이 함께할 때 훨씬 큰 힘을 발휘할 수 있기 때문이지.

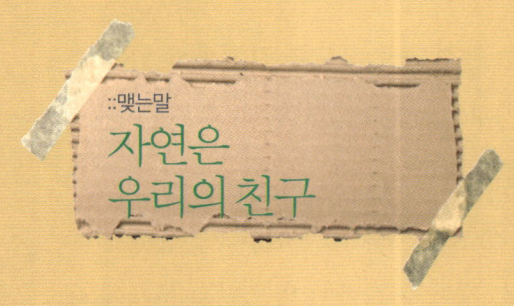
::맺는말
자연은
우리의 친구

 **4대강 사업이란 뭘까?**

　지금까지 '환경'을 길잡이 삼아 지구촌의 여러 대륙과 나라를 여행하느라 수고가 많았지? 이제 마지막으로 우리나라의 환경 이야기를 한번 살펴보자꾸나.

　우리나라에서 가장 큰 환경 문제로는 4대강 사업을 꼽을 수 있단다. 4대강이란, 우리나라에서 가장 크고 중요한 강들인 한강, 낙동강, 금강, 영산강을 말해. 우리 국토의 혈관이자 젖줄이라고 할 수 있지. 4대강 사업이란, 이 강들에 16개나 되는 보를 건설하고 강바닥을 최대 6미터까지 파내는 사업이야. 나아가 강변을 대규모로 개발했고.

　본래 보란, 논과 같은 농경지에 물을 대려고 흐르는 냇물을 막는 둑을 쌓아 그 물을 담아 두는 소규모의 저수 시설을 말해. 그런데 4대강 사업에서 만들었던 보는 너비가 넓은 큰 강의 양쪽을 연결하는 거대한 콘크리트 벽이라고 보면 돼. 본래 뜻의 보라기보다는 일종의 댐이라고 할 수 있는 거지. 그래서 4대강 사업을 영어로 해설한 자료를 보면 보를 '댐dam'으로 표기하고 있어.

이런 보를 하나의 강에 몇 개씩이나 설치한다는 건 흐르는 강물을 중간 중간에서 잘라서 막아 버리고 그 안에 물을 가둔다는 얘기야. 강이 본래의 모습을 잃고 마치 몇 개의 거대한 인공 호수를 이어 붙인 것처럼 변한다는 거지.

문제는 이렇게 해서 강물의 흐름이 느려지고 막히면 그 물이 오염될 수밖에 없다는 거야. 또 강바닥을 깊이 파낸다는 것은 강의 본래 생태계를 너무나 크게 바꾸는 것이기 때문에 그 강에 깃들어 사는 수많은 동식물에게는 날벼락과 같은 일이지.

강변 개발도 문제야. 미국과 유럽 같은 데서는 주로 지하수를 먹는 물로 쓰는 데 비해 우리는 먹는 물의 90퍼센트 이상을 강물에서 얻고 있어. 그런데 4대강 사업에 따라 강변에 건물, 공원, 선착장, 도로 등이 잔뜩 들어서면 거기서 나오는 오염 물질로 강이 망가질 수밖에 없지. 강 주변의 기름진 농토가 없어지거나 훼손되는 것도 안타까운 일이야. 또 그 결과 거기서 옛날부터 농사를 지어오던 농민들이 오랜 생존의 터전이었던 강변을 떠나야만 하는 것도 가슴 아픈 일이고.

4대강 사업은 돈도 엄청나게 많이 들어가지만 4대강에서 파낸 모래를 다 합치면 서울 남산 크기의 11배에 이를 정도로 규모가 아주 커.

무엇보다 어느 한 지역이 아니라 4대강이 흐르는 우리나라 국토 전체에 걸쳐서 동시에 벌어지는 사업인 데다가, 국토 생태계의 뼈대이자 우리에게 먹는 물을 제공해 주는 큰 강들을 대규모로 파헤치고 뒤바꾸는 사업이라 우리 모두의 일상생활에도 커다란 영향을 미칠 수밖에 없어.

대한민국은 공사 중

물론 4대강 사업을 벌이면서 내세우는 명분과 목적은 있어. 하지만 그것의 대부분이 사실과는 좀 다르다는 게 문제야. 예를 들면 4대강 사업으로 홍수 예방을 하겠다고 해. 이 주장처럼 지역에 따라서는 아마도 홍수를 막는 데 어느 정도 효과가 있을 순 있어.

하지만 우리나라에서 홍수가 주로 나는 곳은 4대강이 아니라 산지 지역과 작은 하천 부근, 도시의 낮은 지역 같은 데거든. 그러니까 우리나라에서 홍수를 제대로 예방하려면 4대강이 아니라 다른 곳들을 손봐야 되는 거지.

또 4대강 사업으로 물을 많이 확보할 수 있다고 해. 이 말은 맞는 말이지. 그런데 그렇게 확보한 물을 어디에 어떻게 쓸지가 분명하지 않아.

사실 우리나라에서 물이 부족한 곳은 4대강 근처가 아니라 일부 농촌 지역이나 산지 지역, 섬 같은 데거든. 방금 말했듯이 그렇게 확보한 물을 깨끗하고 안전하게 유지할 수 있는 것도 아니고. 더 걱정스러운 건 우리 국토와 국민 생활에 커다란 영향을 미치는 사업을 불과 2~3년 안에 다 끝내려고 너무 서둘렀다는 거야.

본래 강은 자연의 모습 그대로 흐르는 게 가장 좋아. 물론 사람의 필요나 편의를 위해 강을 손질하는 것은 얼마든지 있을 수 있는 일이야. 하지만 그렇더라도 강에 너무 큰 충격이나 부담을 주지 않는 정도에서 그치는 게 좋지 않을까 싶어.

앞에서 들려줬던 다른 선진국들의 강 이야기가 기억나니? 그 이야기들에서 보듯이 요즘은 강을 다시 자연 본래의 모습으로 되돌리는 것이 전 세계적인 흐름이야.

그렇게 하는 것이 결국은 사람에게도 자연에게도 좋은 일이라는 걸 깨달았기 때문이지. 다시 말해 사람의 욕심과 이익에 따라 자연을 함부로 뜯어고치고 망가뜨리면 그것이 나중에는 사람에게도 큰 피해로 돌아온다는 것을 알게 됐기 때문이라는 거지.

사실 우리나라에서 위험에 처한 건 4대강만이 아니야. 우리나라 서해안 갯벌이 세계 5대 갯벌 가운데 하나라는 걸 혹시 알고 있니? 그중에서도 가장 크고 유명한 것이 새만금이라는 갯벌이야.

그런데 그 새만금 갯벌이 얼마 전 개발 사업으로 거의 대부분 파괴되고 말았어. 우리나라뿐만 아니라 인류 전체의 소중한 자산이 사라져 버린 거지.

이처럼 우리나라 환경은 곳곳에서 몸살을 앓고 있어. 그동안 세계에서도 손꼽힐 정도로 빠른 경제 성장을 해 오는 과정에서 자연 생태계도 마찬가지로 아주 빠르게 망가져 왔거든.

지금도 자연이야 죽든 말든 짓고 부수고 또 짓고 부수는 온갖 건설 공사를 벌이는 모습을 전국 어디에서나 볼 수 있어. 그래서 '대한민국은 공사 중', '대한민국은 건설 공화국'이라는 말이 나올 정도야.

물론 꼭 필요한 공사라면 당연히 해야겠지. 하지만 그다지 필요하지도 않고 급하지도 않으면서 자연만 훼손하고 돈만 낭비하는 공사도 많이 벌이는 게 우리 현실이야.

그래서 이제는 이런 현실을 좀 반성하고 고쳐야 할 때가 아닌가 싶어. 지나치게 경제와 돈만 앞세우는 것도 문제이고, 또 경제 발전을 하고 돈벌이를 하더라도 자연환경과 미래 세대를 고려하면서 해야 한다는 거지.

자연이 병들면 사람도 병든다

이제 둥글둥글 지구촌 환경 여행을 마치고 작별 인사를 나눌 때가 됐구나. 앞에서도 한 얘기지만 아주 중요한 것이라 끝으로 다시 한번 할게.

자연에게 좋은 것이 사람에게도 좋은 것이고, 자연이 병들면 사람도 병들 수밖에 없어. 왜냐하면 사람은 자연의 일부기 때문이야. 사람만이 이 세상의 지배자이자 주인공이라고 여기는 건 교만하기도 하고 어리석기도 한 생각이 아닐까 싶어. 사람뿐만 아니라 나무와 꽃도, 짐승과 새와 벌레도, 강과 바다도, 산과 들판도, 바람과 구름과 비도 모두 이 세상을 구성하는 주인공들이라고 할 수 있지 않을까?

그래서 사람이든 자연이든 우리 모두는 지구촌이라는 하나의 마을에서 함께 살아가는 친구들이라고 할 수 있어. 그런 친구들을 친구인 줄 모르고 자꾸 괴롭히고 못살게 구니까, 다시 말해 사람들이 자연을 존중하고 보살피는 마음, 생명을 사랑하고 아끼는 마음 없이 자기 욕심만 채우려고 하니까 지구 온난화와 같은 커다란 환경 위기가 닥치는 거야. 또 그러니까 구제역 같은 가축 전염병이 닥치면 돼지와 소 같은 아무 죄 없는 동물들을 수백만 마리나 산 채로 땅에 파묻어 버리는 끔찍한 일이 벌어지는 거고.

나무나 벌레나 강이나 바람이 친구라니까 좀 이상하고 낯설게 들릴지 몰라. 하지만 친구를 대하는 마음으로 나무를 어루만져 보고 벌레 소리에 귀를 기울여 보고 강물에 손을 담가 보고 바람에 몸을 맡겨보면 세상이 조금은 다르게 느껴지지 않을까? 내 주변의 여러 가지 것들이 조금은 새로운 모습으로 다가오지 않을까? 그러면서 덩달아 내 마음도 한결 따뜻해지고 넉넉해지지 않을까? 멋진 친구들이 많아지니까 말이야.

함께 사는 세상 **9**

둥글둥글 지구촌
환경 이야기

초판 1쇄 발행 2011년 4월 28일 | 초판 7쇄 발행 2023년 6월 16일
지은이 장성익 | 그린이 유남영
펴낸이 홍석 | 이사 홍성우 | 편집부장 이정은
편집 박고은 · 조유진 | 디자인 권영은 · 김연서 | 외주디자인 손현주
마케팅 이송희 · 이민재 | 관리 최우리 · 김정선 · 정원경 · 홍보람 · 조영행 · 김지혜
펴낸곳 도서출판 풀빛 | 등록 1979년 3월 6일 제 2021- 000055호
주소 서울특별시 강서구 양천로 583 우림블루나인 A동 21층 2110호
전화 02-363-5995 (영업) 02-362-8900 (편집) | 팩스 070-4275-0445
전자우편 kids@pulbit.co.kr | 홈페이지 www.pulbit.co.kr
블로그 blog.naver.com/pulbitbooks | 인스타그램 instagram.com/pulbitkids

ⓒ 장성익, 2011

ISBN 978-89-7474-665-0 73530
ISBN 978-89-7474-913-2 (세트)

이 도서의 국립중앙도서관 출판시도서목록(CIP)은 서지정보유통지원시스템홈페이지(http://seoji.nl.go.kr)와 국가자료공동목록시스템(http://www.nl.go.kr/kolisnet)에서 이용하실 수 있습니다.(CIP제어번호: CIP2011001648)

* 책값은 뒤표지에 표시되어 있습니다.
* 파본이나 잘못된 책은 구입하신 곳에서 바꿔 드립니다.

KC

품명 아동 도서　　**사용연령** 8세 이상
제조국 대한민국　　**제조년월** 2023년 6월 16일
제조자명 도서출판 풀빛　　**연락처** 02-363-5995
주소 서울특별시 강서구 양천로 583 우림블루나인 A동 21층 2110호
주의사항 종이에 베이거나 긁히지 않도록 조심하세요.
　　　　　 책 모서리가 날카로우니 던지거나 떨어뜨리지 마세요.
KC마크는 이 제품이 공통안전기준에 적합하였음을 의미합니다.